La Croix-Rouge en Extrême-Orient

Exposé de l'Organisation et du Fonctionnement de la Société de la ○ CROIX-ROUGE DU JAPON ○ Rédigé par le Professeur ○ ○ NAGAO ARIGA ○ auteur de la Guerre Sino-Japonaise au point de vue du Droit International ○ ○ ○ ○ ○ ○ ○ ○

Présenté à l'Exposition Universelle de 1900 par la Société de la ○ CROIX-ROUGE DU JAPON ○

PEDONE, ÉDITEUR
13, RUE SOUFFLOT,
PARIS

LA CROIX-ROUGE

EN

EXTRÊME-ORIENT

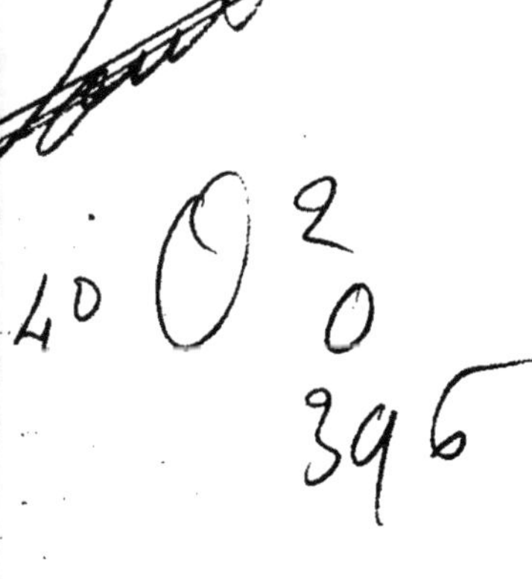

Société de la Croix-Rouge. — Vue de face.

Société de la Croix-Rouge. — Vue de derrière.

LA CROIX-ROUGE
EN
EXTRÊME-ORIENT

EXPOSÉ DE L'ORGANISATION ET DU FONCTIONNEMENT

DE LA SOCIÉTÉ DE LA CROIX-ROUGE DU JAPON

RÉDIGÉ PAR

LE PROFESSEUR **NAGAO ARIGA**

Auteur de « La Guerre Sino-Japonaise au point de vue du droit International »

PRÉSENTÉ A L'EXPOSITION UNIVERSELLE DE 1900

Par la Société de la Croix-Rouge du Japon

PARIS

A. PEDONE, ÉDITEUR

13, RUE SOUFFLOT, 13

1900

CHAPITRE PREMIER.

IDÉE FONDAMENTALE.

« Dette à la patrie et secours aux soldats ».

兵恤國報

Il se produit actuellement, au fond de l'Extrême-Orient, un développement de l'œuvre de la Croix-Rouge dont il n'y a jusqu'ici aucun précédent dans les autres parties du monde. Le Japon, sur une population de 45 millions d'habitants, en compte 600.000, c'est-à-dire 1 sur 75, à faire partie de cette Société, et à payer pendant dix ans une cotisation annuelle d'au moins 3 *yen* (7 fr. 50). Ce nombre, déjà si imposant, va encore toujours en augmentant. Il s'ensuit que la Société, dont les ressources deviennent de jour en jour plus importantes, peut agir sur une très grande échelle et faire grandement, dès le temps de paix, les préparatifs nécessaires pour les services en temps de guerre.

Et chose curieuse, la religion n'est pour rien dans cette question. D'où vient donc alors un pareil développement de cette Société ? En répondant à cette question, nous allons exposer le caractère spécial et individuel de la Société.

Dans un sens général, on peut dire que ce n'est pas l'humanité, mais bien l'idée de « *Dette à la patrie et de secours aux soldats* », qui constitue la base de son organisation et même la raison d'être de son existence. Le principe de la Convention de Genève de 1864, c'est l'humanité. Il est donc naturel qu'une Société de la Croix-Rouge, dont la tâche est de réaliser le but de cette Convention, ait pour base l'humanité. Mais précisément l'humanité est, à un certain point de vue, opposée à la nationalité. Une société, fondée purement et simplement sur l'idée d'humanité, réunit, pour se consolider, toutes ses forces et toutes ses ressources d'après cette idée. De là vient cette nécessité d'une religion ou idée morale autre que l'amour de la patrie et des soldats.

Mais, en temps de guerre, c'est-à-dire au moment où les œuvres d'une Société de secours aux soldats blessés sont plus que jamais nécessaires, à ce moment où l'esprit national devient chaque jour de plus en plus exalté, convient-il de prêcher l'humanité pure et simple?

Pour les sociétés des Etats neutres, cela suffit; mais il n'en est pas ainsi pour les sociétés des Etats belligérants. En ce qui concerne ces derniers Etats, une société fondée et organisée comme la Société japonaise de la Croix-Rouge sur l'idée de « *Dette à la patrie et de secours aux soldats* », peut rendre beaucoup plus de services effectifs qu'une autre société fondée directement sur l'idée d'humanité.

Evitons toute erreur. Faire de l'idée de « *Dette à la patrie et de secours aux soldats* » le point de départ des œuvres de la Croix-Rouge, n'implique pas nécessairement l'idée de secourir seulement les soldats nationaux et d'abandonner sans soins les ennemis blessés. Au contraire, ne faire absolument aucune distinction de drapeau et soulager les soldats ennemis blessés avec autant d'empressement et de bienveillance que s'il s'agissait de nos propres soldats, est une condition *sine qua non* pour réaliser l'idée de « *Dette à la patrie et de secours aux soldats* », et cela pour deux raisons :

D'abord, une bataille consiste toujours dans la rencontre des armées de deux belligérants et, que la victoire soit pour l'un ou pour l'autre, il y aura toujours des soldats blessés d'un Etat qui seront tombés entre les mains de l'autre. Il en résulte qu'aucune puissance n'est certaine, quelque forte et bien armée qu'elle puisse être, de ne pas voir un jour quelques-uns des siens tomber aux mains ennemies. Ces malheureux soldats devront être secourus et bien traités, d'après l'idée de « *Dette à la patrie et de secours aux soldats* ». Mais comment ? Le seul moyen d'avoir nos soldats blessés, tombés aux mains de nos ennemis, bien soignés, est de bien soigner nous-mêmes les ennemis blessés tombés en notre pouvoir. Voilà le vrai principe de réciprocité. Ici nous voyons donc les principes d'humanité et de patriotisme, d'amour des hommes en général et de la patrie en particulier, se réunir et se confondre.

En second lieu, l'application du principe d'humanité en ce qui concerne les secours aux blessés de l'armée de terre est un devoir qui s'impose aux Etats signataires de la Convention de Genève de 1864. C'est l'Etat lui-même qui doit organiser son service de santé militaire, d'après les règles de cette Convention ; et, précisément, le rôle d'une société de la Croix-Rouge, c'est de venir en aide à ce service. Une société de la Croix-Rouge, allant à la recherche des blessés sur les champs de bataille et décidant de quels soldats il faut prendre soin, et de quels autres il ne faut pas s'occuper, ne doit pas et ne peut pas, en réalité, exister. Dans tous les pays, les œuvres de la Croix-Rouge, en temps de guerre, sont placées sous le contrôle sévère de l'autorité militaire. C'est, en outre, une expérience universellement reconnue dans tous les pays où existe une société de la Croix-Rouge que cette société fournit au service de santé un service d'autant plus effectif et important, qu'elle se conforme davantage à la volonté du commandement. Si le commandement ordonne à la société de prendre soin des soldats ennemis blessés, celle-ci obéit, mais elle n'a pas le droit de décider le choix des soldats qu'il faut soigner ou ne pas soigner. La question de savoir si l'œuvre des sociétés de la Croix-Rouge est humaine ou non n'existe donc pas, car elles n'ont pas la liberté de choisir. Le seul objectif réalisable pour elles, c'est de rendre effectif le concours qu'elles prêtent au service de santé de l'armée de leur propre pays : voilà le patriotisme. Si ce concours est effectif, le service de santé de l'armée pourra se dévouer davantage et travailler encore plus au secours des ennemis blessés : voilà l'humanité. Nous retrouvons donc de nouveau les principes de patriotisme et d'humanité qui se réunissent et se confondent dans les œuvres de la Croix-Rouge.

Telle est notre appréciation de l'article Ier des principes généraux de la Conférence Internationale de 1863 qui dit : « *Il existe dans chaque pays un comité dont le mandat consiste à concourir en temps de guerre, s'il y a lieu, par tous les moyens en son pouvoir, au service de santé des armées* », complété par l'article V ainsi conçu : « *En cas de guerre, les comités des nations belligérantes fournissent, dans la mesure de leurs ressources, des secours à leurs armées respectives* », etc.

C'est donc cette adoption sans hésitation de l'idée de « *Dette à la patrie et de secours aux soldats* » qui donne à notre Société de la Croix-Rouge son caractère individuel et spécial,

Prince Komatsu, Président d'honneur de la Société.

Princesse Komatsu, Présidente du Comité des Dames.

et qui la rend capable de pouvoir se développer avec une rapidité si prodigieuse que, que pour un des pays les plus éloignés de la civilisation chrétienne, on n'a encore jamais vu pareil précédent.

Nous examinerons comment ce caractère de la Société de la Croix-Rouge du Japon s'est manifesté dans son développement, son organisation, ses relations avec la Maison impériale et l'autorité militaire, dans ses différentes œuvres au cours de la guerre de 1894-95 ; et comment ce caractère se manifeste encore aujourd'hui dans sa préparation en vue d'une guerre possible dans l'avenir.

CHAPITRE II.

Aperçu historique de la Société de la Croix-Rouge du Japon.

§ 1. — Origine de la Société.

C'est au cours de l'année 1867 que le comte Sano, président actuel de notre Société, fut envoyé, par le gouvernement du Shôgoun, à l'Exposition universelle de Paris, où il eut l'occasion de voir les œuvres des sociétés de la Croix-Rouge des différents pays. Six ans après, c'est-à-dire en 1873, il fut de nouveau envoyé comme ministre de Sa Majesté l'Empereur du Japon auprès de la Cour de Vienne et là il put encore étudier à l'Exposition universelle qui avait lieu la même année, les progrès faits par les sociétés de la Croix-Rouge, surtout après la guerre de 1870. Sitôt rentré au Japon, en 1877, éclata la guerre civile de Kagoshima. Les insurgés opposèrent une très vive résistance aux troupes impériales envoyées contre eux. Dès le début, le combat fut désespéré et très meurtrier. Le nombre des morts et des blessés s'accrut de jour en jour dans une proportion effrayante. Il ne fallut pas moins de huit mois pour réprimer cette formidable insurrection.

Le comte Sano, réfléchissant sur les sociétés de la Croix-Rouge qu'il avait eu l'occasion d'étudier, conçut alors l'idée, de concert avec le vicomte Ogiu, de former une association dont le but serait de secourir les malades et les blessés, même s'ils étaient ennemis. Avec la coopération du baron de Sieboldt qui leur donna des renseignements sur la société de secours autrichienne, ils firent un ensemble de règles et le soumirent au gouvernement qui l'approuva (mai 1877).

Après s'être assuré le concours des nobles de l'empire et, entre autres, de MM. Matsudaïra Josho, Matsudaïra Shinsei et Sakuraï Tadaoki, ils formèrent une société qu'ils appelèrent « Hakuaisha » (Société de bienfaisance) et firent un premier appel au public. Des dons en espèces et en nature affluèrent aussitôt de toutes parts. Sa Majesté l'Empereur, pour montrer toute la satisfaction qu'il éprouvait de la fondation de cette Société, vint lui-même y souscrire pour 1.000 *yen*.

La Société se mit dès lors immédiatement au travail. Elle envoya sur le théâtre de la guerre des agents ayant pour mission de recueillir les blessés et de leur prodiguer des soins, sans faire aucune distinction entre les troupes impériales et celles des insurgés.

Remarquons bien qu'il ne s'agit pas ici de l'humanité pure et simple, à l'exclusion de tout patriotisme. Les ennemis ne sont pas des ennemis de la nation ; ce sont des sujets révoltés et, par conséquent, leur porter secours quand ils sont blessés, c'est faire œuvre purement nationale. Cette idée se trouve très bien exprimée dans la demande faite au gouvernement pour obtenir l'autorisation de l'établissement de « Hakuaisha ». Il y est dit : « Notre reconnaissance envers la patrie est immense et, pour lui payer une bien faible partie de ce que nous lui devons, nous avons formé une société appelée « Hakuaisha » dont le but est d'envoyer les membres sur les champs de bataille pour soigner, sous les ordres des médecins de l'armée et de la marine, les soldats blessés de l'armée impériale. Pour ce qui concerne les insurgés blessés, leur nombre est beaucoup plus grand que celui des soldats de l'armée impériale et, d'un autre côté, leur service médical est très défectueux : leurs blessés sont abandonnés dans les champs et dans les montagnes et restent souvent ainsi exposés au soleil et à la pluie pendant fort longtemps. Ils sont, c'est certain, des traîtres à l'autorité de l'Empereur et leur faute est impardonnable, mais ils sont aussi sujets de l'empire et enfants de l'Empereur et de l'Impératrice. Nous ne pouvons pas être assez cruels pour les abandonner à leur sort, et nous demandons qu'il nous soit également permis de pouvoir leur prodiguer nos soins. En nous accordant cette autorisation, la magnanimité de notre Auguste Souveraine éclatera non seulement à l'intérieur et à l'extérieur, mais cette magnanimité sera aussi le plus sûr moyen de ramener les insurgés à leur devoir. »

Aussitôt après l'établissement de la Société, S. A. I. le prince Komatsu (alors appelé Higashi Fushimi) accepta le titre de président d'honneur de Hakuaisha.

L'insurrection une fois terminée, il était nécessaire de donner à la Société une base solide et d'assurer sa durée dans l'avenir. Des prospectus donnant des renseignements précis relatifs au but de l'association furent d'abord distribués; puis les règlements furent révisés.

Leurs Majestés Impériales témoignaient sans cesse l'intérêt qu'Elles portaient à l'œuvre que nous entreprenions. Une partie du bâtiment appartenant à la maison impériale fut prêtée à la Société pour en faire son bureau, et Sa Majesté l'Impératrice la dota en plus, chaque année, de 300 *yen*, à partir de l'année 1883. Cette faveur était un encouragement très sérieux pour persévérer, avec une activité nouvelle, vers le but envisagé.

Il fut aussitôt décidé que l'organisation des sociétés de secours européennes serait étudiée et qu'on observerait les formalités pour entrer officiellement en relations avec le Comité International de la Croix-Rouge de Genève. Deux occasions favorables se présentèrent bientôt pour la réalisation de ce dessein.

Le docteur Shibata, envoyé à l'Exposition sanitaire de Berlin de 1883, en qualité de délégué du Japon, était sur le point de partir pour l'Europe. Il voulut bien se charger d'y étudier les travaux de la Croix-Rouge.

En 1884, le baron Hashimoto, alors Directeur du service médical de l'armée, fut nommé pour accompagner en Europe le général Oyama, Ministre de la guerre. A la demande de la Société, il consentit à compléter, avec l'aide du baron de Sieboldt, secrétaire de la légation japonaise à Berlin, les études relatives aux travaux de la Croix-Rouge.

Le baron Hashimoto arriva en Europe à un moment tout particulièrement favorable. La troisième Conférence internationale de la Croix-Rouge avait précisément lieu à Genève, et, sur une invitation toute spéciale de M. Moynier, président du Comité International, il suivit cette conférence ainsi que le baron de Sieboldt et, de cette façon, prépara très rapidement l'adhésion de l'Empire du Japon à la Convention de Genève, qui eut lieu le 5 juin 1886 et qui fut publiée au Japon, par décret en date du 15 novembre 1886. Le commentaire de cette convention fut en même temps distribué à l'armée tout entière.

§ 2. — Réorganisation de la Société.

L'adhésion du Japon à la Convention de Genève étant devenue un fait accompli, il s'agissait d'entreprendre un travail de réorganisation de la Société. Les statuts furent révisés et le nouveau nom de « Société de la Croix-Rouge du Japon » fut approuvé par les autorités compétentes. La nouvelle organisation fut mise en vigueur le 24 mai 1887. La Société se hâta alors de se faire reconnaître officiellement par le Comité International, ce qui fut fait le 2 septembre 1887.

La quatrième Conférence internationale de la Croix-Rouge étant convoquée à Carlsruhe, au mois de septembre de la même année, le Ministre de la guerre envoya le médecin-inspecteur baron Ishiguro et les médecins principaux Taniguchi et Mori, et la Société de la Croix-Rouge envoya le vicomte Matsudaïra, membre du Comité exécutif, avec l'autorisation de se présenter comme le délégué officiel, si la Société était reconnue en temps utile. La chose arriva comme elle avait été espérée, et ils furent les premiers délégués de la Société à la Conférence Internationale de la Croix-Rouge.

Le 22 octobre 1888 eut lieu le vingt-cinquième anniversaire du Comité International de Genève, au Siège Central de notre Société et dans les dix départements où il existait des sections locales de la Croix-Rouge. Sa Majesté l'Impératrice assista elle-même à la célébration de cette fête à Tokio, et pour la première fois le nombre des adhérents dépassa 10.000.

En 1891, la Société japonaise de la Croix-Rouge contribua pour 1.000 francs au fonds Augusta, en réponse à l'appel du Comité International.

1. Comte Sano, Président de la Société.
2. Baron Hanabusa, Vice-Président de la Société. — 3. Vicomte Ogiu, Vice-Président de la Société.

A la cinquième Conférence internationale de la Croix-Rouge à Rome, en avril 1892, le Gouvernement Impérial nomma notre chargé d'affaires à Rome, M. Sameshima, son délégué et la Société de la Croix-Rouge envoya le baron de Sieboldt et M. Goto.

En 1897, à l'occasion de la sixième Conférence internationale à Vienne, le médecin principal de 1re classe Koïké, chef de section, fut envoyé par le Gouvernement, et le médecin-major Haga et l'auteur de cet exposé y furent envoyés par la Société.

§ 3. — Période d'accroissement des ressources de la Société.

Son organisation interne et sa position au point de vue des relations internationales étant solidement établies, la Société de la Croix-Rouge se mit à l'œuvre pour accroître ses ressources, afin d'être en mesure de pouvoir préparer son service de secours en temps de guerre.

En juin 1889, de concert avec la Direction du service médical du Ministère de la guerre, la dépense pour la préparation du service en temps de guerre que la Société devait faire fut estimée 750.000 *yen*. Pour obtenir cette somme aussi vite que possible, il fallait augmenter le nombre des membres et encourager le paiement des cotisations en un seul versement. Aussi le montant des cotisations, fixé par les statuts à 200 *yen*, fut-il réduit à 50 *yen* en 1890 et à 25 *yen* en 1891, afin d'en obtenir davantage et en très peu de temps. Il fut décidé ensuite que le payement annuel des cotisations serait terminé après dix ans, ou sitôt que la Société aurait obtenu la somme nécessaire de 750.000 *yen*. On avait calculé que si le nombre des adhérents s'élevait à 100.000, elle pourrait être en mesure, sans épuiser tous ses fonds, de faire cette dépense. Grâce aux efforts très énergiques du président d'honneur, du président effectif et des chefs des sections locales et des comités, les membres et, par suite le capital, s'accrut très rapidement. En 1893, on avait déjà obtenu 36.700 membres et le revenu dépassait 118.000 *yen*. Il y avait un progrès remarquable bien qu'on fût encore loin de 100.000 adhérents, et cette dernière éventualité parut presque impossible à réaliser.

Le président, comte Sano, chercha alors un nouveau moyen de faire rivaliser entre eux les départements. Il fit calculer de combien était pour cent habitants le nombre d'adhérents dans chacun d'eux. Des tables statistiques furent préparées, imprimées et envoyées aux chefs des sections locales et des comités. L'impartialité de ce système et la question d'amour-propre de chaque département, qui ne voulait pas rester en arrière, devait amener naturellement un bon résultat. En estimant que la population entière de l'Empire fût de 40.000.000 d'habitants, le but visé par la Société étant d'arriver au chiffre de 100.000 adhérents, il s'agissait de trouver dans chaque département 1 membre sur 400 qui voulût bien en faire partie. « Amenez-nous un homme ou une femme par 400 habitants de votre département, de sorte que nous arrivions à notre but le plus vite possible », telle était l'instruction donnée à tous les chefs des sections locales et des comités. « Hâtons-nous, disait souvent aussi le président dans les assemblées locales, hâtons-nous, car la guerre pourrait nous surprendre. » « Il n'y a pas un moment à perdre, disait-il encore, car l'incendie atteint déjà l'autre côté! » Ces paroles n'étaient point, en 1894, une figure de rhétorique, mais une triste réalité.

§ 4. — Effets de la guerre sino-japonaise sur le développement de la Société.

La difficulté des Tonhak, de l'autre côté du Japon (en Corée), conduisit, en effet, à un incendie général de tout l'Extrême-Orient, et la guerre a prouvé qu'elle était le meilleur système de propagande pour la Société de la Croix-Rouge. Avant la fin de l'année 1894, la proportion de 1/400 était dépassée et, quand la guerre fut terminée, en mai 1895, le nombre des membres était de plus de 160.000.

La guerre a démontré à la nation combien précieux avaient été les secours rendus par la Société. Cette soudaine augmentation d'adhérents pendant et après la guerre est une preuve évidente de l'idée exprimée dans le premier chapitre, à savoir que la Société n'est pas fondée purement et simplement sur l'idée d'humanité, mais sur un sentiment tout à fait patriotique de « dette à la patrie et de secours aux soldats ».

Sommes-nous restés satisfaits, parce que le but qu'on s'était proposé, d'avoir dans notre Société 1 habitant sur 400 était à présent plus qu'atteint? Non. Le Japon d'avant la guerre est tout différent de celui d'après la guerre. Nous nous sommes placés maintenant vis-à-vis des grandes puissances du monde et nos ressources, aussi bien que nos dangers, se sont accrus. Nos forces militaires et navales ont augmenté. La préparation pour le service en temps de guerre, qui était suffisante hier, est insuffisante aujourd'hui. C'est pourquoi la Société de la Croix-Rouge a élevé la proportion de 1/400 à 1/100, et il n'y eut aucune difficulté pour atteindre ce nouveau but. Pendant les trois années qui suivirent la guerre, les nouveaux adhérents continuèrent d'affluer. A la fin de 1898, leur nombre atteignait le chiffre de 570.000, c'est-à-dire une proportion ayant déjà dépassé celle de 1/80, et le montant des cotisations de cette année était de 1.580.622 *yen* (à peu près 4 millions de francs).

§ 5. — Préparatifs pour le service en temps de guerre.

Avant la guerre, nous avions déjà un hôpital pour exercer nos infirmières, nous nous étions procuré du matériel prêt à servir, nous avions aussi une certaine somme affectée spécialement aux dépenses que nécessiterait l'envoi du personnel et du matériel en avant, mais nous n'avions pas encore d'organisation définitive pour notre service en temps de guerre.

Mais le grand nombre d'expériences faites au cours de la guerre et l'augmentation rapide de ses ressources et de ses adhérents pendant et après la guerre permit à notre Société de commencer à se préparer sur une plus grande échelle et sur un plan bien déterminé. De son côté, l'autorité militaire, qui réorganisait alors les différents services de l'armée, profita de la réforme du service de santé en campagne pour étudier le mode d'utilisation des personnels et des matériels de la Société de la Croix-Rouge. A son retour de la sixième Conférence internationale de la Croix-Rouge, le docteur Koïké fut nommé Directeur du service médical de l'armée, et c'est sous sa direction que furent complétés les règlements pour le service de secours de la Société en temps de guerre.

Actuellement, les préparatifs en vue de ce service forment l'objectif vers lequel tous les efforts de la Société sont tournés.

Le plan de ces préparatifs a déjà été préparé de concert avec l'autorité militaire. Il ne reste plus qu'à le mettre à exécution. Quand le fera-t-on ? La guerre est une éventualité dont personne ne peut répondre, car personne ne sait le matin si le soir elle ne sera pas déclarée ; mais, d'un autre côté, il peut se faire qu'elle ne survienne pas avant trente ou quarante ans et même plus. La Société a donc arrêté, afin de fixer un terme à cette incertitude, qu'en 1902, elle fêterait le vingt-cinquième anniversaire de sa fondation, et que les préparatifs actuellement projetés seraient terminés pour cette époque-là. A propos de cette résolution, la Société a fait la déclaration suivante à la sixième Conférence internationale de la Croix-Rouge, à Vienne :

« La Société de la Croix-Rouge du Japon a décidé de célébrer le vingt-cinquième anniversaire de sa fondation en 1902. Son premier désir était d'inviter les sociétés des autres pays à la septième Conférence internationale, à Tokio, mais elle craint que cela ne soit encore presque impraticable, à cause de la grande distance qui la sépare des pays d'Europe et d'Amérique.

« Elle célébrera donc seulement son vingt-cinquième anniversaire et prie les sociétés de la Croix-Rouge de tous les pays de bien vouloir envoyer leurs représentants à cette fête. Une démarche est déjà faite auprès du gouvernement de Sa Majesté l'Empereur et, sitôt qu'il nous aura donné son autorisation, nous enverrons les invitations officielles.

« La Société de la Croix-Rouge du Japon espère que les comités centraux de tous les pays accueilleront favorablement cette invitation et qu'ils nous témoigneront de l'amitié et de l'encouragement en nous envoyant un grand nombre de délégués. »

CHAPITRE III.

Haut patronage et propagande de la Société.

§ 1. — Haut patronage de Leurs Majestés Impériales.

Dans notre Empire où, depuis des temps immémoriaux, se succède toujours la même dynastie, l'expression de « dette envers la patrie » signifie simplement le devoir des nationaux pour leur Souverain et ses ancêtres, car c'est de lui que le peuple japonais doit son existence et son bien-être.

Au Japon, l'Empereur est toujours le grand généralissime de l'armée japonaise et cela, non pas en vertu de la Constitution, mais en vertu de la tradition. Les soldats ne sont pas les soldats de l'État dont notre Empereur serait le chef; ils sont les soldats de l'Empereur qui est en même temps le chef de l'État. Pendant les siècles qui se sont écoulés, le haut commandement était confié aux Shôgouns, mais l'Empereur actuel reprit le pouvoir dans ses propres mains et plaça toute sa confiance dans ses soldats qu'il appelle, dans le décret de 1882, *ses bras et ses jambes.* « Porter secours aux soldats », c'est donc porter secours à ceux que notre Auguste Souverain aime et chérit et sur lesquels il compte pour maintenir l'intégrité et l'indépendance de l'Empire du Japon.

Par conséquent, les expressions « dette envers la patrie et secours aux soldats » sont des expressions dont les idées se trouvent concentrées dans la personne même de l'Empereur.

C'est à lui que nous devons payer notre dette à la patrie, et le meilleur moyen de le faire, c'est de porter secours à ses soldats.

Ici, il ne s'agit pas d'une théorie ou d'une hypothèse. Il y a la simple constatation d'un fait. Demandez à n'importe qui des 600.000 membres de la Croix-Rouge du Japon pourquoi il a adhéré à la Société. La réponse sera invariablement la même : parce qu'il faut aimer les soldats que l'Empereur et l'Impératrice aiment, eux, si chèrement ; ou encore : parce que nous avons une dette envers nos Souverains et qu'il faut la payer en secourant leurs soldats.

De cette relation entre la souveraineté et l'activité de la Croix-Rouge, il résulte que d'être honoré par le haut patronage de Leurs Majestés Impériales a, pour notre Société, une signification toute autre que celle qui est attachée au patronage des autres sociétés, fondées sur l'idée d'humanité pure et simple. Pour notre Société, le haut patronage signifie que notre zèle à payer les dettes que nous devons à la patrie en secourant les soldats de l'Empire est approuvé et apprécié par Leurs Majestés Impériales. C'est la réponse que nous leur faisons de vouloir contribuer de toutes nos forces à les aider et à leur obéir.

Après l'adhésion du Japon à la Convention de Genève, en 1886, et à la veille de la réorganisation de la Société, le présid'honneur de « Hakuaisha » présenta, en date du 19 juin 1887, une pétition au marquis Ito (alors comte Ito), Ministre de la Maison impériale, pour lui exprimer l'intention qu'avait la Société de devenir une Société de la Croix-Rouge telle qu'il en existait dans différents pays; il demandait la réalisation des trois points suivants :

1° Etre honoré du haut patronage de Leurs Majestés;

2° Voir les nominations de président et de vice-président agréées par Leurs Majestés;

3° Etre soumis au contrôle du gouvernement de Sa Majesté l'Empereur.

Ces trois conditions furent acceptées.

Pour témoigner leur reconnaissance de voir la Société mise sous leur patronage, Leurs Majestés la gratifièrent, en date du 25 mai 1887, d'une somme de 5.000 *yen* et décidèrent qu'une pareille somme serait versée par eux chaque année pour subvenir aux frais de la Société.

Mais, dès l'année suivante, cette somme fut remplacée par un don de 100.000 *yen*, destiné à former un capital permanent de la Société dont les intérêts, montant à 5.000 *yen*, continueraient à servir au payement annuel des dépenses.

Après la guerre sino-japonaise, Leurs Majestés Impériales, en reconnaissance des progrès rapides faits par notre Société, lui firent un nouveau don annuel de 5.000 *yen*, de sorte qu'actuellement la Société reçoit tous les ans 10.000 *yen* en plus du capital permanent de 100.000 *yen*.

Leurs Majestés ne laissent jamais non plus échapper une seule occasion, comme on le verra dans les différents chapitres de cet Exposé, sans encourager les membres de notre Société et leur montrer tout le vif intérêt qu'Elles leur portent.

Cette relation étroite qui existe entre le devoir des sujets envers leurs Souverains et le but de la Croix-Rouge facilite énormément l'œuvre de propagande. Tout vrai japonais qui a compris cette relation, n'hésite jamais à adhérer à la Société, s'il est en état toutefois de pouvoir payer sa cotisation. Les moyens principaux qu'emploie la Société, pour faire comprendre au peuple cette relation, sont les suivants :

1° Publications et avis.

2° Utilisation des gouverneurs des départements.

3° Insignes de la Société.

4° Assemblées générales des Sections locales.

5° Vulgarisation par la lanterne magique.

§ 2. — PUBLICATIONS ET AVIS.

Sitôt après la guerre civile de Kagoshima, en octobre 1878, un manifeste fut publié pour démontrer que la meilleure manière de payer sa dette à la patrie et de secourir les soldats, c'était d'affermir la Société sur des bases solides; que, pour cela, il fallait beaucoup d'argent et que presque toutes les ressources de la Société avaient été dépensées pendant la dernière guerre.

Après la réorganisation de la Société, en 1887, un nouveau manifeste parut et fut distribué par tout l'Empire : il faisait voir que secourir les soldats blessés sur les champs de bataille, c'était un devoir que nous devions à la patrie et, en même temps, une grande preuve d'humanité. Ce secours ne peut pas être fait individuellement; il exige une action concentrée de beaucoup d'individus réunis en société et sujets au contrôle de l'armée. Mais ce n'est pas tout. Une seule société, dans un seul Etat, peut-elle accomplir une œuvre de secours complète? Dans une guerre, il y a toujours plus de deux nations aux prises; les sociétés de toutes les nations du monde devraient donc former une union afin de pouvoir bien accomplir leur œuvre dans le cas de guerre entre deux ou plusieurs d'entre elles.

De plus, si quelque occasion se présente pour propager l'idée de la Société, par exemple, la célébration du vingt-cinquième anniversaire du Comité International de la Croix-Rouge, en octobre 1888, le retour des délégués envoyés à la Conférence Internationale de la Croix-Rouge, etc., des publications sont faites et distribuées en grande quantité dans un but de vulgarisation.

Depuis 1890, la Société a aussi un organe qui parait tous les mois sous forme d'une revue appelée : *Nippon Sekijiuji* (Croix-Rouge du Japon).

§ 3. — Utilisation des gouverneurs des départements.

Un autre mode de propagande, dont les effets ont été manifestes, fut d'intéresser à la Société les gouverneurs des départements. En 1880 et, de nouveau, en 1883, à la réunion annuelle de ces gouverneurs à Tokio, S. A. I. le prince Komatsu, président d'honneur, les invita à la Société et les pria de faire leur possible pour recruter des membres et encourager les dons. De cette façon, le nombre des adhérents fut plus que doublé. Le 19 mars 1887, à la veille où la Société devait publier sa nouvelle organisation comme Société de la Croix-Rouge du Japon, les gouverneurs des départements, rassemblés à Tokio, furent de nouveau invités et S. A. I. le prince Arisugawa, faisant alors fonction de président d'honneur pendant l'absence de S. A. I. le prince Komatsu qui était en Europe, leur annonça formellement que Leurs Majestés l'Empereur et l'Impératrice avaient décidé de placer la Société sous leur haut patronage et que la Société, étant assise sur une base plus solide et plus étendue, il les encoura-

1. Médecin général, baron HASHIMOTO, Chef de l'Hôpital de la Société, et Membre du Conseil permanent.
Membres du Comité Exécutif : 2. Baron OSAWA, Sénateur. — 3. Vicomte MATSUDAÏRA, Sénateur.
4. HIRAYAMA, Conseiller au Ministère des Finances. — 5. Lieutenant-Colonel SHIMITZU.

1. Baron Ishiguro, Directeur en chef du service de santé militaire, Membre du Conseil permanent.
Membres du Comité Exécutif : 2. Nagasaki, Secrétaire particulier du Ministre de la Maison Impériale.
3. Sawa, Ex-Gouverneur de Aomoriken. — 4. Kuroda, Député, Membre du Conseil municipal de Tokio.
5. Kasawara, Gérant de la Société.

geait, pour rester d'accord avec l'intention de leurs Augustes Souverains, de faire tout ce qui dépendrait d'eux pour rendre service à la Société et lui procurer des adhérents et des capitaux. A la réunion solennelle étaient présents le marquis Ito, Ministre de la Maison impériale, ainsi que les Ministres de la guerre et de la marine.

Le marquis Ito prit la parole et expliqua aux gouverneurs quelle avait été l'intention de l'Empereur et de l'Impératrice en plaçant la Société sous leur haut patronage, il leur parla de l'état florissant des sociétés de la Croix-Rouge d'Europe, montra combien utile et nécessaire pouvait être leur aide pour obtenir le concours du peuple tout entier. Tous les gouverneurs répondirent aussitôt qu'ils assuraient Leurs Majestés de faire tous leurs efforts pour se conformer à leurs intentions. C'est de ce jour que date l'identification des organes administratifs de l'Etat avec les organes locaux de la Société de la Croix-Rouge. Grâce aux efforts des gouverneurs dans leurs départements respectifs, le nombre des membres, en 1888, s'accrut de 2.205 à 10.975.

§ 4. — INSIGNES DES MEMBRES.

En 1888, le règlement des insignes de la Société fut ratifié par Leurs Majestés Impériales, et fut publié le 26 octobre de la même année, à l'occasion du vingt-cinquième anniversaire du Comité International. Le premier objet de la création de ces insignes fut de distinguer les membres de ceux qui ne l'étaient pas. Mais ce qu'il importe de noter ici, c'est son emploi comme moyen très effectif de propagande.

Dès le début, les insignes de la Société de la Croix-Rouge

du Japon se distinguèrent des médailles des autres sociétés par leur grande valeur et l'honneur qui y étaient attachés. Trois choses les différencient des autres sociétés :

1° Les insignes de la Société de la Croix-Rouge sont créés d'après un règlement spécial sanctionné par l'Empereur le 2 juin 1888, tandis que ceux des autres Sociétés privées n'ont jamais reçu de ratification officielle.

2° Les insignes de la Société de la Croix-Rouge sont accordés aux membres dans une cérémonie solennelle ; le président d'honneur donne les noms au Ministre de la Maison impériale qui les porte à Sa Majesté l'Empereur. Il s'ensuit que l'insigne est, en quelque sorte, accordé par l'Empereur lui-même, comme certaines autres décorations et médailles de l'Empire. Rien de semblable n'existe pour les autres sociétés privées.

3° Les insignes de la Société de la Croix-Rouge peuvent être portés par les membres dans les réunions publiques, au même titre que les autres décorations ou médailles de l'Etat. Il est interdit, au contraire, de porter, en dehors des assemblées privées, les insignes des autres sociétés. Par une ordonnance de 1895, le port en public de ces insignes fut confirmé et fut formellement interdit aux autres décorations.

Comment un tel honneur, accordé à la Société de la Croix-Rouge, contribue-t-il à l'œuvre de propagande ? Cela est facile à comprendre. Dans un pays comme le Japon où l'Empereur est aimé et respecté du plus profond du cœur par tous ses sujets, c'est à la fois un orgueil et un honneur que d'avoir un insigne accordé par Lui. Tous ceux qui veulent faire voir qu'ils appartiennent à une bonne société doivent posséder cet insigne. D'un autre côté, ceux qui n'ont point de décoration sont heureux, par ce moyen, d'en avoir une et ceux qui en ont déjà sont également fiers d'en avoir une de plus à mettre sur leurs poitrines.

En plus de l'insigne de membre, il y a une décoration spéciale de mérite qui fut créée pour récompenser ceux qui rendraient de grands services à la Société. Parmi les actes signalés comme grands services, il faut citer : 1° l'adhésion d'un grand nombre de nouveaux membres par suite d'une bonne propagande ; et 2° l'offrande faite à la Société d'une somme de 1.000 *yen* au moins en une seule fois ou par versements partiels.

Les décorations spéciales de mérite furent accordées à Leurs Majestés Impériales, à LL. AA. II. les princes et les princesses Arisugawa et Komatsu, le 25 octobre 1888 et, le lendemain, à l'occasion de la célébration du 25e anniversaire du Comité International, les mêmes insignes furent accordés par le président d'honneur en présence de Sa Majesté l'Impératrice au président du Conseil, aux Ministres de la guerre, de la marine et de la Maison impériale, aux membres fondateurs de la Société ainsi qu'aux membres qui avaient contribué à encourager les œuvres de la Société, soit en lui faisant des dons, soit en faisant de la propagande. Depuis ce temps, on a l'habitude d'accorder ces insignes dans les assemblées générales annuelles, en présence de Sa Majesté l'Impératrice.

Le résultat fut des plus heureux. A partir de ce moment, chaque gouverneur de province s'occupa très activement d'amener à la Société des membres de leurs départements et de fortes sommes d'argent. La famille Iwasaki y contribua pour une valeur de 20.000 *yen*, la Compagnie Mitsui pour

10.000 *yen*, etc. Pendant cette année, le nombre des membres et le capital de la Société furent doublés.

§ 5. — Assemblées générales des sections locales.

A partir de l'année 1890, on décida de réunir une fois tous les ans, en une assemblée générale, les membres de chaque département et d'organiser, à cette occasion, une grande fête dans les localités. La fête est présidée par le gouverneur du département, chef de la Section locale : une adresse du président d'honneur est lue ; quelques exercices de manœuvres du corps de santé sont faits ensuite, et le reste de la journée est consacré à divers amusements : feux d'artifices, assauts d'armes, etc. Cette fête étant le grand événement social du département, de nouveaux membres sont certains d'adhérer à la Société et de lui fournir par là même un capital encore plus grand, même une fois payées les dépenses faites pour cette occasion. Le président d'honneur assiste souvent en personne à ces assemblées générales locales ainsi que le président, les vice-présidents et les administrateurs du Siège Central. Quand le président comte Sano s'y rend, il fait toujours un petit discours aimable et persuasif sur la nécessité des œuvres de la Croix-Rouge. Un grand nombre d'assemblées générales eurent lieu en 1893 : cette année-là, le nombre des nouveaux adhérents pour les départements où avaient été tenues ces assemblées fit un total de 13.000.

Après la guerre, le nombre des assemblées générales locales fut si nombreux qu'il devint matériellement impossible pour le président d'honneur de pouvoir assister à toutes. Le désir de chaque section locale était de voir leurs assemblées générales honorées par la présence de Son Altesse Impériale ; ce désir devint de plus en plus vif et servit encore à faire accroître le nombre des membres de la Société. Le président comte Sano démontra, en effet, que S. A. I. le prince Komatsu, étant actuellement chef d'Etat-Major général, ne pouvait pas s'absenter très souvent de son poste. Ne pouvant pas assister à toutes les assemblées générales des localités, Son Altesse avait décidé de se rendre seulement à celles dont le nombre des membres serait de 1 p. 0/0 de celui des habitants. Cette réflexion produisit son effet, car jusqu'alors les départements atteignant cette proportion de 1 p. 0/0 n'étaient qu'au nombre de six, tandis qu'au mois de mars 1898, il s'élevait à vingt-huit.

§ 6. — Vulgarisation par la lanterne magique.

Il y a un procédé de propagande sur lequel il convient d'insister tout spécialement. Il consiste à rassembler les habitants des villes et des villages dans une certaine localité et à leur expliquer l'origine, le but et la nécessité des œuvres de la Croix-Rouge au moyen de dessins et de peintures projetés par une lanterne magique. Cette méthode n'est pas nouvelle, mais l'idée de vulgariser la Société de la Croix-Rouge par ce procédé est certainement nouvelle : elle fut, d'ailleurs, reconnue comme telle à la cinquième Conférence internationale de la Croix-Rouge à Rome, en 1892, à laquelle le baron de Sieboldt, délégué japonais, fit une communication sur ce sujet.

La lanterne magique, employée comme moyen de propagande pour la Croix-Rouge, rappelle immédiatement le nom d'un des plus importants personnages de la Société, le baron Ishiguro, médecin inspecteur-général, qui ne cessa jamais de porter le plus profond intérêt à la Société, aussi bien comme contrôleur qu'en qualité de membre, depuis le jour de sa fondation sous le nom de « Hakuaisha ». Ce fut lui qui, à son retour de la quatrième Conférence internationale de la Croix-Rouge de Carlsruhe, en 1889, et malgré ses occupations nombreuses comme Directeur du service médical de l'armée, composa les dessins, écrivit les explications et fit construire l'instrument qu'il présenta à notre Société. A l'occasion des assemblées générales des localités de Tokio et d'Osaka, l'année suivante, le baron vint lui-même, avec sa lanterne, assister à ces réunions, et le succès qu'il obtint fut si grand que le bruit s'en répandit partout et arriva jusqu'aux oreilles de Sa Majesté l'Impératrice qui ordonna au baron de venir donner une représentation de ce genre devant Elle et le prince héritier. Il y eut dès lors un effet vulgarisateur très important pour la lanterne magique, car tout le monde s'intéresse beaucoup, au Japon, aux objets auxquels s'intéressent elles-mêmes Leurs Majestés l'Empereur et l'Impératrice. Depuis ce jour, les occasions furent très fréquentes dans lesquelles le baron fut sollicité, de tous les points de l'Empire, pour faire des représentations de lanterne magique ; comme il lui était impossible d'y aller lui-même, ce fut toujours le lieutenant-colonel Shimidzu, administrateur, qui s'y rendit et fit les représentations à sa place.

La dernière guerre avec la Chine enrichit naturellement de beaucoup la collection des images à projection. La représentation se divise en deux parties. Voici l'énumération des tableaux de la première partie :

1° Portrait de Miss Florence Nightingale.
2° Portrait de M. Henry Dunant.

3° Drapeau national et drapeau de la Croix-Rouge (pour expliquer l'origine de l'insigne de la Croix-Rouge qui n'a aucun rapport avec la croix de la religion chrétienne).
4° Soldats blessés abandonnés sur le champ de bataille.
5° Brancardiers enlevant des soldats blessés.
6° Secours donnés aux ennemis barbares. (Vue de la première expédition de Formose).
7° Tente-hôpital. (Ambulance).
8° Sa Majesté l'Empereur visitant les soldats blessés à l'hôpital d'Osaka. (Scène de la guerre civile de Kagoshima).
9° Sa Majesté l'Impératrice douairière fabriquant de ses propres mains des bandages.
10° Portrait de Son Altesse Impériale le prince Komatsu.
11° Hôpital de la Société au temps de « Hakuaisha ».
12° Hôpital de la Société de la Croix-Rouge de Shibuya.
13° Portrait du comte Sano.

Dans la seconde partie, on représente les vues suivantes :

14° Grand quartier général d'Hiroshima (dernière guerre chinoise).
15° Vue à vol d'oiseau du même panorama, pour montrer l'endroit où résidait Sa Majesté l'Empereur pendant la guerre.
16° Visite du prince héritier à l'hôpital de réserve de Tokio.
17° Visite de Sa Majesté l'Impératrice à l'hôpital de réserve de Hiroshima.
18° Jambes de bois (don de l'Impératrice) distribuées aux prisonniers chinois blessés.
19° Débarquement du corps de santé à Ninsen (Corée).
20° Marche de l'hôpital de campagne à travers les montagnes.
21° Transport des malades et des blessés en Corée pendant les grandes chaleurs.
22° Grande influence produite par le pavillon de la Croix-Rouge.
23° Guérison des prisonniers chinois à l'Hôpital de la Société.
24° Soins donnés aux blessés pendant le grand froid et la neige à Leao-Tung.
25° Son Altesse Impériale le prince Kitashirakawa à Formose.
26° Membres du Comité des Dames fabriquant des bandages.
27° Membres du Comité des Dames soignant des prisonniers chinois.
28° Hôpital d'étapes à Formose.
29° Train-hôpital de la Société de la Croix-Rouge.
30° Bouteille d'eau pour les soldats blessés altérés.
31° Portraits de Leurs Majestés l'Empereur et l'Impératrice.

CHAPITRE IV.

Organisation de la Société.

§ 1. — Membres.

Les membres de la Société sont de trois sortes :

1° Membres honoraires ;

2° Membres spéciaux ;

3° Membres titulaires.

Le Conseil permanent peut offrir aux personnes qu'il en juge dignes le titre de membre honoraire. Actuellement, il n'y a que des membres de la Maison impériale à être membres honoraires.

Ceux qui ont rendu des services notables à la Société par leur concours effectif, en temps de paix ou en temps de guerre, ou prêté d'une façon désintéressée leurs services à l'administration de la Société peuvent, par une décision du Conseil permanent, être nommés membres spéciaux, sans être tenus de payer chaque année une cotisation.

Sont membres titulaires toutes les personnes qui paient une cotisation annuelle de 3 à 12 *yen*. Il en est de même de ceux qui paient en une seule fois une somme minima de 25 *yen*.

§ 2. — Présidence d'honneur.

Après la réorganisation de la Société, S. A. I. le prince Komatsu fut maintenu président d'honneur de la nouvelle

Société, et pendant les vingt années qui se sont écoulées, il a toujours été le plus ardent promoteur de notre cause. Après la mort de S. A. I. le prince Arisugawa, ce fut lui qui le remplaça dans la fonction de chef d'Etat-Major général et qui eut le haut commandement des armées de l'expédition. Il est actuellement l'un des quatre maréchaux de l'Empire. La haute situation qu'il occupe dans l'armée a été d'une grande utilité pour la Société et a servi à créer à cette dernière de grandes relations.

Bien que très préoccupé par l'étude des questions militaires, il s'est toujours montré très actif pour les questions concernant la Société. Il se fit principalement un devoir de suivre les réunions générales des sections locales de tout l'Empire. Depuis 1890, il fit ainsi plus de trente voyages, encourageant partout les membres de la Société par ses discours et se faisant un plaisir de distribuer des autographes à tous ceux qui lui en demandaient.

§ 3. — Contrôle.

Par l'article VII des statuts, les actes de la Société sont soumis au contrôle des Ministres de la Maison impériale, de la guerre et de la marine, pour rester conformes à l'auguste volonté de Leurs Majestés, ses hauts protecteurs, ainsi qu'à l'organisation du service de santé de l'armée. Tous les principaux règlements de la Société sont soumis à l'autorisation de ces Ministres.

Pour ce qui est du contrôle du Ministre de la marine, rien n'est encore définitivement arrêté, parce que les œuvres de la Société ne s'étendent pas encore au service de secours dans

3

les guerres maritimes. C'est le Directeur du service médical de l'armée qui est compétent pour toutes les questions de notre Société qui sont du ressort du Ministère de la guerre. Les trois directeurs qui ont rempli ce poste depuis la fondation de la Croix-Rouge, le baron Hashimoto, le baron Ishiguro et le docteur Ishisaka, ont tous été très chauds partisans de l'association et ont personnellement contribué à son succès, comme nous le verrons au cours des chapitres qui suivront. Sans eux, la Société ne serait jamais parvenue au développement qu'elle atteint aujourd'hui.

Pour rendre le contrôle du Directeur du service médical de l'armée plus facile et plus effectif, il y a actuellement un officier d'état-major et un médecin militaire attaché à la direction du service médical de l'armée et qui sont envoyés à la Société en qualité de conseillers militaires. Grâce à ces conseillers, la Société reste dans un rapport direct avec l'autorité militaire, de sorte que les préparatifs pour le temps de guerre au sein de l'armée et au sein de la Société marchent toujours de front.

§ 4. — Centralisation des organes directeurs.

Le point qui est peut-être le plus remarquable dans la constitution de la Société de la Croix-Rouge du Japon, c'est la puissante centralisation de ses corps. Ceci résulte de l'histoire de son accroissement qui est juste à l'inverse du développement des sociétés de la Croix-Rouge des autres pays. Dans plusieurs contrées d'Europe, les sociétés se sont d'abord formées dans différentes villes ou différentes provinces avec le président, l'organe administratif et des finances. La nécessité s'est manifestée ensuite pour ces sociétés de s'unir à d'autres sociétés locales afin de rendre un service plus effectif à l'armée. Ainsi s'est formé un comité central dont le but est de ménager les affaires communes à tous.

Au Japon, au contraire, il n'existe qu'une seule société qui est établie à Tokio. Elle a son local dans un terrain de 3.000 *tsubo* qui lui fut donné par Sa Majesté l'Empereur, et c'est ce Siège Central qui a tout pouvoir pour décider si oui ou non une section locale peut être établie dans un départément. Comme l'établissement des sections locales ne peut conduire qu'à une dispersion rapide du capital, aucune autorisation d'en établir n'est donnée, à moins que les départements ne possèdent un certain revenu (3.000 *yen* par an), ou un certain nombre de membres (1.000). Avant que l'une ou l'autre de ces deux conditions ne soit remplie, le comité départemental ne jouit d'aucun pouvoir administratif. Il a seulement la charge de s'occuper de faciliter les communications du Siège Central avec les départements. Les choses étant ainsi, une stricte centralisation du pouvoir put être affermie dans l'établissement des règlements concernant l'administration, les finances, le service de secours en temps de guerre. Il n'est pas besoin d'ajouter qu'on trouva cela d'une grande importance pendant la dernière guerre.

Le pouvoir de la Société reste toujours centralisé à Tokio et se compose du Conseil permanent et du Comité exécutif.

Le Conseil permanent est composé de trente membres élus par l'assemblée générale parmi les membres titulaires résidant à Tokio; ils restent en fonctions pendant trois ans et sont rééligibles. C'est ce Conseil qui délibère et prend des décisions sur les affaires importantes de la Société. Il est convoqué toutes les fois qu'il se présente une question qui doit être soumise au Siège Central, et il doit, en tous cas, être au moins convoqué une fois tous les trois mois. Les décisions sont prises à la majorité des voix. En cas de partage, la voix du président est prépondérante. Le Conseil ne peut pas délibérer si les membres présents sont moins de quinze. Dans ce cas, il est convoqué de nouveau dans la quinzaine et peut délibérer alors, quel que soit le nombre des membres présents.

Le Comité exécutif est composé d'un président, de deux vice-présidents et de sept administrateurs qui sont élus par le Conseil permanent et pris parmi ses membres. Le président d'honneur fait connaitre les noms des membres élus à Leurs Majestés Impériales. Mais le président et les vice-présidents ne peuvent entrer en fonctions qu'après avoir été agréés par Leurs Majestés.

Le président a la haute direction des affaires de la Société ; il la représente ; il fait les règlements de détails nécessaires à l'exécution des statuts ; il nomme les commissaires et les employés, et préside l'assemblée générale et le Conseil permanent.

Les vice-présidents assistent le président et le remplacent lorsqu'il est empêché.

Les administrateurs régissent les affaires sous les ordres du président.

Les fonctions de membre du Conseil et du Comité sont gratuites.

§ 5. — Assemblées générales.

Le président convoque l'assemblée générale des membres de la Société, tous les ans au mois d'avril, ou extraordinairement lorsqu'il le juge nécessaire. Il est tenu de la convoquer dans le délai de quatre semaines, lorsqu'il en aura été requis par plus d'un dixième des membres titulaires, pourvu que ceux-ci aient précisé la question qu'ils ont à présenter et les motifs qu'ils ont à exposer.

A l'assemblée générale, on procède à la réélection des membres du Conseil permanent, à la lecture du rapport sur l'état de la Société et du compte rendu des recettes et des dépenses, à la délibération des propositions présentées par le Comité exécutif ou par les membres titulaires, appuyées par plus de trente autres membres.

Tant qu'il n'y eut que quelques milliers d'adhérents, cette théorie et cette pratique purent avoir lieu. Mais l'augmentation des membres, surtout dans ces dernières années, étant devenue prodigieuse, il fut impossible de délibérer ou d'étudier aucune proposition dans les assemblées générales où l'on venait par milliers. A l'assemblée générale de 1898, nous étions plus de 30.000 membres présents, de sorte que, seule, Sa Majesté l'Impératrice put prendre la parole. Les rapports d'administration et de finances et les nouvelles propositions exigeant la sanction de l'assemblée générale furent faits au moyen d'imprimés. Le renouvellement du bureau fut également fait au moyen de listes imprimées contenant les noms des candidats : le dernier bureau fut réélu en entier, sauf quelques modifications concernant des membres malades ou empêchés.

Il est donc évident que le pouvoir directeur réel réside dans la personne du président et dans le Conseil permanent.

En temps de guerre, le Conseil permanent est transformé en Conseil extraordinaire, afin de faciliter la célérité des affaires, et le président peut, s'il le croit utile, augmenter provisoirement le nombre des membres du Conseil.

§ 6. — Sections locales.

Un autre point très caractéristique de l'organisation de la Société de la Croix-Rouge du Japon, c'est que ce sont toujours les gouverneurs des départements qui deviennent les chefs des organes locaux et que l'emploi de sous-chef est toujours confié aux secrétaires et aux conseillers de préfecture. Cette institution est due aux efforts persistants de S. A. I. le prince Komatsu, président d'honneur, et du marquis Ito, ancien Ministre de la Maison impériale, qui pensèrent qu'une propagande effective dans les départements ne pouvait s'obtenir qu'en plaçant les gouverneurs des départements eux-mêmes à la tête des sections locales, afin que, connaissant déjà les habitants des localités, ils puissent avoir sur eux une certaine influence et les engager à devenir membres de la Société. Ce système, bien qu'il n'existe nulle part dans les règlements, doit être considéré comme une coutume aujourd'hui bien établie et a contribué énormément au développement de notre Société.

Il va sans dire également que ce système est de la plus grande importance pour la Société au point de vue de la centralisation de l'unité et de l'uniformité de son administration et spécialement pour tout ce qui concerne l'œuvre des préparatifs pour le service en temps de guerre.

Avant la guerre, le nombre des sections locales était de dix-sept et, dans vingt-cinq autres départements, il y avait seulement des comités départementaux n'ayant aucune autorité administrative. Pendant la guerre, dix nouvelles sections locales furent créées. Mais après la guerre, l'augmentation soudaine des membres dans toutes les parties de l'Empire nécessita la création de sections locales dans tous les départements et même à Formose. Actuellement, il existe en tout cinquante-deux sections locales, et un nouveau règlement vient d'être créé pour elles. Au-dessous des sections locales, il existe des comités de districts et de communes, à la tête desquels se trouvent placés des chefs de district et des officiers communaux qui relèvent des gouverneurs de département. La ville de Tokio, étant le siège central de la Société, n'avait tout d'abord ni section ni comité. Mais, après la guerre, les affaires du Siège Central devinrent si abondantes que l'on dut créer une nouvelle section ayant à sa tête le gouverneur de Tokio. Cette section diffère des autres sections locales en ce qu'elle ne s'occupe pas des affaires relatives aux préparatifs pour le service en temps de guerre.

Le système de centralisation est donc complet, en ce qui concerne les différents organes de la Société et il suit précisément la ligne de conduite de l'administration intérieure de l'Etat.

Les Ministres de la guerre et de la marine étant contrôleurs de la Société de la Croix-Rouge ont le droit de donner des ordres aux gouverneurs des départements en leur double qualité de fonctionnaires de l'Etat et de chefs de sections. Il est d'usage, au Japon, que tous les gouverneurs des départements soient appelés une fois par an, à Tokio, au sujet des questions de gouvernement; le Comité de la Croix-Rouge profite de cette occasion pour les rassembler à son tour comme chefs de sections, afin de leur donner ses instructions et d'entendre leurs opinions. Nous ne connaissons pas de système plus commode existant dans quelque autre pays.

§ 7. — Finances.

Ce système de centraliser l'administration de la Société a une importance spéciale au point de vue des finances. Le grand inconvénient d'avoir beaucoup de petites sociétés locales indépendantes, c'est que beaucoup de petits capitaux se trouvent être sans utilité soit en temps de paix, soit en temps de guerre. Dans notre Société, il n'y a, pour tout l'Empire, qu'une seule caisse, qu'un seul compte. Tout le numéraire, tous les dons adressés à la Société de la Croix-Rouge viennent théoriquement, au Siège Central, de même que toutes les dépenses sont payées par lui.

Les ressources de la Société se composent des subventions faites par Leurs Majestés Impériales l'Empereur et l'Impératrice, des cotisations des membres, des dons volontaires et des recettes diverses provenant des œuvres de la Société et des intérêts de ses capitaux.

La gestion ordinaire des fonds est confiée au Comité exécutif qui doit en rendre compte tous les trois mois au Conseil permanent.

Les sections locales sont divisées en deux catégories au point de vue des finances. Les départements où se trouvent

1. Soldat blessé abandonné. — 2. Brancardier soulevant un blessé. — 3. Miss Florence Nightingale.
4. Secours donné à l'ennemi. — 5. Membres du Comité des Dames soignant les blessés.

1. Embarquement à Ninsen. — 2. L'hôpital de campagne traverse les montagnes. — 3. M. Henry Dunant.
4. Transport des malades pendant les chaleurs. — 5. Soins donnés aux blessés pendant le grand froid.

les deux grandes villes de Kioto et Osaka ; les cinq grands ports maritimes : Yokohama, Kobé, Niigata, Nagasaki, Hakodaté et les huit autres départements qui sont les sièges des commandements des divisions d'armée sont autorisés à garder un tiers de leurs revenus locaux. Les autres sections locales ne sont autorisées à conserver qu'un quart de leurs revenus. Tout le reste du revenu de chaque section est envoyé au Siège Central, à Tokio. Il faut même ajouter que le tiers ou le quart du revenu, conservé par les sections locales, ne peut pas être dépensé par elles, d'après leur propre autorité, mais que la plus grande partie de ces ressources doit être employée pour la préparation du personnel et du matériel pour le temps de guerre, quand le bilan a été établi par le Siège Central de la Société.

CHAPITRE V.

Hôpital de la Société.

§ 1. — FONDATION DE L'HÔPITAL DE « HAKUAISHA ».

L'hôpital de la Société de la Croix-Rouge du Japon, l'unique hôpital de ce genre dans tout l'Extrême-Orient, et l'une des gloires, non seulement pour la Société, mais aussi pour le Japon, est l'œuvre d'un seul homme, assisté du gracieux patronage de Leurs Majestés. Ce fut le médecin-inspecteur général, le baron Hashimoto, qui, pendant la mission officielle dont il fut chargé, à la veille de l'adhésion du Japon à la Convention de Genève, fit des études sur les travaux des sociétés de la Croix-Rouge en Europe, et qui, de retour au Japon, publia un livre intitulé : *La Croix-Rouge*, dans lequel il démontrait hardiment la nécessité d'établir un hôpital de la Société où les médecins pourraient s'exercer et où l'on pourrait instruire les infirmières.

La Société approuva le projet du médecin-inspecteur général, et décida de procéder à l'établissement de l'hôpital avec le concours et sous la direction du Ministre de la guerre. Un terrain pour construire l'hôpital fut cédé à la Société par le commandement de la division de Tokio ; la nomination des architectes, le choix des matériaux à employer, la composition du personnel de l'hôpital furent faits ensuite sous la direction du Ministre de la guerre.

Le baron Hashimoto fut nommé chef de l'hôpital, le médecin-inspecteur baron Ishiguro, directeur, et le médecin-principal Ishisaka, sous-chef. Dix médecins militaires furent désignés pour exercer à cet hôpital ainsi que deux docteurs civils. Les médecins de l'armée firent une souscription entre eux et récoltèrent ainsi une somme de 2.000 *yen* destinée à constituer la première mise de fonds de l'hôpital.

A la cérémonie publique d'inauguration, assistait Sa Majesté l'Impératrice, accompagnée de toutes LL. AA. II. les princes et les princesses de l'Empire ainsi que du marquis Ito, Ministre de la Maison impériale, du marquis Oyama, Ministre de la guerre et des grands dignitaires de la Cour et de l'Etat. Cette inauguration eut lieu le 17 novembre 1886, c'est-à-dire juste deux jours après l'adhésion du Japon à la Convention de Genève.

Le règlement fut très simple. L'hôpital eut pour but : 1° l'instruction des personnels de secours ; 2° l'utilisation de l'hôpital, en temps de guerre, comme hôpital de réserve de l'armée ; 3° le traitement des malades et des blessés du peuple, dans le but d'exercer le personnel. Les malades ayant de la fortune devaient payer un certain prix pour les remèdes et la nourriture; les pauvres, au contraire, étaient traités gratuitement. Aucun des médecins n'était rétribué. La dépense totale annuelle était fixée à 6.000 *yen*.

§ 2. — Transformation de l'hôpital de Hakuaisha en « Hôpital de la Société de la Croix-Rouge ».

Quand la Société fut entrée dans l'Union internationale de la Croix-Rouge, le nom de l'hôpital fut alors changé en celui de « Hôpital de la Société de la Croix-Rouge du Japon ». L'habileté renommée du baron Hashimoto comme praticien y attira une foule innombrable de gens du peuple, mais il y eut aussi beaucoup de personnes appartenant à des familles nobles et à la haute classe de la société qui voulurent s'y faire soigner.

Le revenu de la Société, trop modique, ne permettait pas pour le moment qu'on fît de nouvelles dépenses. Sa Majesté l'Impératrice, ayant eu connaissance de cela, fit un don de 100.000 *yen* à la Société, le jour de la célébration du vingt-cinquième anniversaire du Comité International de Genève (octobre 1888) et la gratifia également de l'usufruit d'un terrain très grand et très beau à Shibuya, faisant partie des domaines impériaux.

Le travail de construction fut aussitôt commencé sous la direction du professeur Katayama, architecte de la Maison impériale. Après deux ans de travaux, une importante construction, faite d'après le plan de l'hôpital de Heidelberg, était terminée.

Le nouvel hôpital fut inauguré par Sa Majesté l'Impératrice douairière, le 10 mai 1891, et elle fit un don de 5.000 *yen* ; le 4 août, Leurs Majestés l'Empereur et l'Impératrice firent un don libéral de 5.000 *yen*, renouvelable chaque année et pendant dix ans, pour venir en aide à l'hôpital. En 1899, la somme fut portée à 10.000 *yen* et la période pendant laquelle la Société en fut dotée fut étendue à vingt ans, à dater de l'année 1891.

L'hôpital actuel de la Société de la Croix-Rouge du Japon est donc à la fois redevable à Leurs Majestés tant pour sa construction que pour son entretien. Sa Majesté l'Impératrice n'a d'ailleurs jamais cessé de porter intérêt à l'œuvre de cette institution. Elle vint elle-même un jour visiter l'hôpital afin de voir de quelle façon étaient traités les malades et, cette fois encore, elle fit un nouveau don de 500 *yen*.

§ 3. — Organisation intérieure de l'Hôpital en temps de paix.

Il existe ici un point qu'il faut expliquer en ce qui concerne l'objet de notre hôpital. Si nous avions fait de l'humanité le point de départ de notre œuvre, en temps de paix nous aurions pu entièrement consacrer notre hôpital à des œuvres charitables. Mais tel n'est pas le cas. Dans notre Société, tout est fait en vue du service en temps de guerre, et afin d'arriver à ce but, il nous faut économiser le plus possible nos ressources. C'est pourquoi nous n'avons pas fait de notre hôpital un hôpital de charité ; au contraire, nous avons établi plusieurs catégories payantes ; celles qui paient le plus cher sont rangées dans la première classe, etc. Nous n'admettons les personnes appartenant à la classe pauvre qu'autant que nos fonds destinés à cet objet nous le permettent. Parmi les fonds de ce genre, il y a le don annuel de 500 *yen* fait par Sa Majesté l'Impératrice, don qui fut porté à 5.000 *yen* depuis 1899 ; il y a aussi le don annuel de 1.000 *yen* fait par les bazars des Dames de charité de Tokio.

L'hôpital se trouve actuellement composé d'un grand bâtiment central où sont localisés les bureaux et la pharmacie; de ce point central, partent dans tous les sens dix-neuf ailes de bâtiments dont neuf sont consacrées aux maladies ordinaires et les autres, aux opérations chirurgicales et anatomiques ainsi qu'aux malades atteints de maladies contagieuses. Ces ailes sont toutes réunies ensemble par des passages couverts d'une grande largeur et qui pourraient être facilement utilisés et accommodés pour les malades et les blessés en temps de guerre.

Il y a aussi un dortoir et un salon de lecture pour les élèves-infirmières; mais cette chambre est, elle aussi, construite de telle façon qu'on pourrait, en temps de guerre, en faire des salles pour les malades. Comme le système d'instruction des infirmières a été réorganisé et étendu après la guerre avec la Chine, plusieurs nouveaux bâtiments ont été ajoutés dans ce but.

En 1896, un nouveau bâtiment fut encore construit afin de pouvoir admettre les malades de la cinquième classe payante et les malades admis par charité.

Les salles de malades sont donc actuellement divisées d'après les sept classes suivantes :

Classes.	Nombre de chambres.	Nombre de lits.	Nombre de malades dans chaque chambre.	Quantité d'air par malades.
1re	13	13	1	75 mèt. cubes
2e	12	12	1	60
3e	16	32	2	45
4e	8	28	3-6	38
5e	2	40	20	51
Malades admis par charité	2	30	15	66
Maladies contagieuses	4	6	1-2	31

Total : 57 chambres avec 161 lits.

Il est certain qu'en temps de guerre, le nombre des lits peut être considérablement augmenté.

Les malades de la première classe paient 4 *yen* 50 par jour; ceux de la deuxième classe, 2 *yen* 50; ceux de la troisième, 1 *yen* 50; ceux de la quatrième, 1 *yen*, et ceux de la cinquième,

0 *yen* 50 *sen* par jour, service, nourriture et soins compris.

Tout le monde peut venir, qu'il fasse partie ou non de la Société de la Croix-Rouge du Japon, à la consultation de l'hôpital, aux heures fixées pour chaque espèce de maladie. La consultation est gratuite; on paie seulement les médicaments et les pansements pour lesquels il existe un prix fixe. Si l'on trouve que le cas est assez sérieux pour nécessiter l'introduction du malade à l'hôpital, la chose est accordée chaque fois qu'il reste encore une chambre de disponible.

Aujourd'hui, il y a plusieurs services d'organisés à cet hôpital, à la tête de chacun desquels se trouve un médecin spécialiste : maladies internes, chirurgie, gynécologie, ophtalmologie, otologie, etc.

§ 4. — Travaux préparatoires a l'Hôpital pour le service en temps de guerre.

Le but unique de l'hôpital étant, comme il a été dit, de faciliter la préparation du service en temps de guerre, il est divisé en trois parties et chacune d'elles est soumise à une réglementation spéciale :

1° Education des médecins, commencée en juillet 1889;

2° Instruction des infirmières, commencée en janvier 1890;

3° Instruction des infirmiers, commencée après la guerre.

L'hôpital a, en plus de ces trois fonctions ordinaires, deux autres fonctions extraordinaires :

1° En temps de paix, envoi du personnel et du matériel pour établir un service de prompt secours en cas de calamités publiques;

2° En temps de guerre, affectation de l'hôpital en hôpital

de réserve de l'armée et envoi du personnel pour aider le service de santé de l'armée en campagne.

Les différents cas de calamités publiques dans lesquels l'hôpital doit prêter son concours seront rapportés plus loin.

Durant la guerre de 1894-1895, l'hôpital forma la troisième section de l'hôpital de réserve de Tokio et fut affecté au traitement des prisonniers chinois. Le personnel fut envoyé dans différentes parties de la Chine et de la Corée, comme il sera dit dans un chapitre spécial.

En général, notre hôpital est l'organe où toutes les questions techniques des services de la Croix-Rouge sont étudiées. Les diverses sortes de médicaments à employer; les appareils indispensables, commodes et perfectionnés qu'il faut préférer dans les opérations chirurgicales; le mode de procéder pour instruire les infirmières; la façon dont on doit soigner les malades; en un mot, tout ce qui a trait à la médecine fait toujours l'objet d'études très approfondies dans cet hôpital.

CHAPITRE VI.

Comité des Dames de secours volontaires.

§ 1. — IMPORTANCE PARTICULIÈRE DE CETTE INSTITUTION AU JAPON.

S'il existe des infirmières de profession spécialement instruites par la Société en vue du service en temps de guerre, quel besoin y a-t-il d'instruire des dames des hautes classes dans l'art de soigner les malades et les blessés ? Il est certain que la plupart de ces dames ne peuvent pas exercer un service pratique dans les hôpitaux, et que, même en y allant, elles ne sont pas très aptes pour ce travail. Pour répondre d'un mot, nous dirons que la Société ne cherche pas à avoir un grand nombre d'infirmières, mais à relever la condition sociale de la profession d'infirmière. Tout le reste est secondaire.

En Europe et en Amérique, ce sont les sœurs de charité qui servent de modèles aux infirmières chargées des malades et des blessés, et comme elles sont estimées, les infirmières le sont aussi. Au Japon, il n'en est pas ainsi. Les infirmières de profession sont considérées comme des sages-femmes ou comme des filles à gages, à moins qu'on ne vienne démontrer à la Société qu'il y a quelque chose de noble chez elles, et que leur dévouement contribue à la réalisation de l'idée de « Dette à la patrie et de secours aux soldats ».

4

Ce fut pendant que LL. AA. II. le prince et la princesse Komatsu étaient en voyage en Europe, et que S. A. I. le prince Arisugawa faisait fonction de président d'honneur de notre Société que S. A. I. la princesse Arisugawa convoqua, en mai 1887, toutes les princesses, les femmes des Ministres d'Etat et des hautes notabilités, de concert avec le Directeur du service médical de l'armée, le baron Hashimoto, le médecin-inspecteur Ishiguro et d'autres, dans le but de former une association de Dames infirmières volontaires au sein de la Société de la Croix-Rouge du Japon, avec le double point de vue de faire comprendre au public l'importance de l'art de soigner et de répondre aux désirs gracieux de Sa Majesté l'Impératrice, toujours préoccupée des œuvres de la Croix-Rouge.

Les membres, au nombre de 92, se réunirent deux ou trois fois par mois, dans le local du Siège Central, et étudièrent l'art de soigner, sous la direction du médecin-principal Adati, du Dr Beltz, du Dr Scribber, professeurs à la Faculté de médecine de Tokio. Un manuel d'infirmière fut, à cette intention, édité par le médecin-principal. Plus de 100 Dames ont actuellement terminé leurs études.

Quand LL. AA. II. le prince et la princesse Komatsu revinrent d'Europe, ce fut la princesse qui devint administratrice en chef de ce Comité, et qui possède encore aujourd'hui ce titre. Toutes les dames de la famille impériale assistent les administratrices. Durant la guerre avec la Chine, 70 nouveaux membres vinrent s'ajouter et, à la fin de l'année 1898, le Comité des Dames de Tokio possédait 181 membres.

§ 2. — Comités locaux des Dames de secours volontaires.

Dans les départements aussi, des Comités de Dames se formèrent peu à peu et dans le même but, sous la direction des femmes de gouverneurs qui sont, nous l'avons dit, les chefs des sections locales, et des femmes de commandants de division, où il en existe. Tous ces Comités se sont basés sur celui de Tokio qu'ils ont pris pour modèle.

Dans quelques départements, les Comités, formés tout spécialement dans le but de rendre service pendant la dernière guerre, furent dissous quand la paix fut conclue : il en fut ainsi de celui d'Osaka. A la fin de 1898, les Comités locaux de Dames qui existaient étaient les suivants :

Comité de	Kioto	151	membres.
—	Nara	38	—
—	Tokushima	31	—
—	Hokkaïdo	63	—
—	Gumma	43	—
—	Shizuoka	142	—
—	Kumamoto	86	—
—	Kagoshima	62	—
—	Miye	44	—
—	Yamanashi	57	—
	Total	717	—

§ 3. — Travaux des comités des Dames de secours volontaires.

Outre l'instruction donnée à ses propres membres, le Comité des Dames de Tokio s'occupe également d'encourager la profession d'infirmière. A chaque formation d'une nouvelle classe, ou quand une infirmière monte en grade, S. A. I. la princesse Komatsu assiste à cette cérémonie, et ne manque jamais de prononcer quelques paroles agréables et encourageantes. Les autres membres, en leur qualité d'administratrices du Comité, sont chargées de la surveillance des élèves-infirmières au point de vue moral. Il y a aussi un Comité qui donne des récompenses aux infirmières professionnelles qui se sont le plus distinguées en temps de guerre ou en cas de calamités publiques. De cette façon, le but principal du Comité est pleinement rempli. Aujourd'hui, les infirmières de la Croix-Rouge sont très considérées dans toutes les classes de la société.

L'œuvre du Comité ne s'arrête pas là. Lors du tremblement de terre de Mino, le Comité de Tokio distribua 300 collections complètes de vêtements de malades, et quand survint, en 1896, le fameux débordement de la mer qui inonda trois provinces du nord de l'Empire, il fit don de 2.200 ceintures pour malades et blessés.

Mais où le Comité s'est tout particulièrement distingué, c'est au cours de la guerre avec la Chine ; un compte rendu des services qu'il a rendus en cette occasion a déjà été fait à la sixième Conférence de la Croix-Rouge, à Vienne. En voici le résumé :

Aussitôt que la guerre fut déclarée, le Comité de Tokio se réunit sous la présidence de S. A. I. la princesse Komatsu et prit les résolutions suivantes :

1° Réservant à une date ultérieure la visite effective des blessés et des malades, on commencera par fournir des bandages antiseptiques pour le pansement des blessés ;

2° Ces bandages antiseptiques devront être de bonne qualité ; on en confiera la confection à l'hôpital de la Société. Les membres du Comité y travailleront de leurs propres mains et s'y exerceront mutuellement ;

3° On subviendra aux dépenses occasionnées pour cette confection, au moyen de cotisations que les membres payeront proportionnellement à leur situation de fortune ;

4° On profitera du départ des membres de notre personnel pour faire expédier par eux les bandages préparés.

Les Dames se réunirent donc chaque jour auprès de Son Altesse Impériale, à l'hôpital de la Société, et confectionnèrent une foule de bandages qui furent envoyés aux établissements de l'armée et de la marine ; en un mois, il sortit de leurs mains le linge nécessaire au pansement de 1.300 personnes.

Plus tard, le baron Ishiguro, alors Directeur général du service de santé en campagne, confia à ce comité de Dames la confection des bandages de poche :

« Votre Comité, écrivait-il, a bien voulu faire don aux hôpitaux de notre armée de bandages antiseptiques par lui confectionnés, d'après les lois de la science baciologique. C'est en toute confiance que j'en ai autorisé l'usage dans les hôpitaux. En ce moment, nos soldats blessés en campagne sont fort heureux et nous éprouvons un besoin constant de bandages pour en munir chaque soldat. Persuadé que votre Comité est le mieux en mesure de confectionner ces bandages dans les meilleures conditions antiseptiques, j'ai l'honneur de le prier de vouloir bien s'en charger. »

Le Comité accepta avec empressement cette proposition. Dès le 9 janvier 1895, après s'être fait donner quelques leçons sommaires par le professeur Adachi sur la manière de préparer ces bandages, les Dames associées se réunirent et confectionnèrent 15.000 pièces par un froid glacial. Le Comité offrit ces bandages à l'armée comme témoignage de sympathie, mais le règlement s'y opposant, elle dut recevoir une somme de 1.070 *yen* représentant leur prix de revient.

S. A. I. la princesse Komatsu se mit en devoir d'exécuter

son projet de visiter les malades des armées de terre et de mer et d'encourager les infirmières de la Société. Elle partit donc de Tokio, le 17 janvier 1895, accompagnée d'autres membres du Comité, entr'autres Mmes la marquise Nabéshima, la comtesse Saïgo, la comtesse Oyama ; S. A. I. la princesse Kita Shirakawa la rejoignit à Osaka. Pendant les trois journées des 20, 21 et 22, Son Altesse Impériale visita l'hôpital militaire de réserve de Hiroshima et ses annexes. Le 22, elle convoqua toutes les infirmières à son hôtel et leur adressa des paroles bienveillantes. Le 23, elle visita l'hôpital de l'amirauté de Kuré et envoya à l'hôpital de l'amirauté de Sasebo un des membres du Comité, Mme Ouyeno Ikuko, à laquelle s'adjoignit Mme la marquise Nabéshima. A chaque hôpital, des essuie-mains, des cigarettes, des gâteaux, etc., furent distribués. Son Altesse Impériale rentra à Tokio le 27 du même mois ; à la fin de mai, accompagnée d'un grand nombre de princesses, elle visita l'hôpital militaire de réserve de Tokio et ses annexes où se trouvaient plus de 1.600 malades. Le nombre des malades ayant encore augmenté de beaucoup à la 3e annexe de cet hôpital, 16 Dames du Comité résolurent d'y prendre chaque jour, de neuf heures du matin à cinq heures du soir, un service effectif de garde.

Des faits semblables d'abnégation et de dévouement se reproduisirent également en province. Les Comités des Dames attachés aux sections locales témoignèrent partout des mêmes sentiments de sympathie à l'égard de l'armée et lui rendirent les mêmes services. A Osaka, Gumma, Hokkaïdo, Kumamoto, Shidzuoka, Niigata, Tokushima, Hiogo, des bandages furent confectionnés et donnés aux soldats blessés qui furent soignés avec un zèle digne de tout éloge.

Les personnes adhérentes ou non adhérentes à la Société qui ont contribué d'une façon ou d'une autre, dans les provinces où il n'y avait encore aucun comité d'organisé, à l'œuvre admirable de cette Société, sont innombrables.

Lorsque l'expédition contre les rebelles de Formose eut été entreprise, le Comité des Dames de secours volontaires de la Société, à titre de marque de sympathie et d'intérêt pour la santé des troupes, demanda de leur envoyer 10.000 ceintures. L'autorisation fut accordée par le service des Bienfaits (le 10 octobre de la 28e année) et l'envoi fut fait. Cette expédition dura plusieurs mois pendant lesquels nos soldats, dans une contrée dont le climat diffère complètement du nôtre et dont la température est très variable, eurent à endurer de grandes souffrances et à livrer des combats extrêmement meurtriers. Notre Société ne doute pas que le Comité des Dames de secours volontaires n'ait contribué, dans une certaine mesure, à alléger leurs souffrances et à refaire leur santé.

CHAPITRE VII.

Situation de la Société avant et au début de la guerre de 1894-1895.

§ 1. — Préparatifs avant la guerre.

Le service de secours rendu par la Société de la Croix-Rouge du Japon pendant la guerre avec la Chine doit être traité ici, parce qu'il fut une cause très importante dans le développement de son organisation : elle lui fit doubler et même quadrupler le nombre de ses adhérents et de son capital, et elle lui apprit de quelle façon il fallait se trouver prête en cas d'une nouvelle circonstance critique.

Les préparatifs de service de secours diffèrent beaucoup maintenant de ce qu'ils étaient avant la guerre. Avant la guerre, notre personnel et notre matériel étaient toujours au-dessous de ce que nous aurions désiré qu'ils fussent et cela par manque de capitaux ; depuis la guerre, le capital ayant augmenté dans une proportion énorme, nous sommes encore au-dessous de ce que nous pourrions faire, mais cette fois par manque de temps.

En ce qui concerne les préparatifs avant la guerre, c'était en juin 1889 que nous avons établi, après entente avec le Ministre de la guerre, le plan sommaire suivant :

1° Créer, dans chaque circonscription d'étape d'une division d'armée, douze hôpitaux, dont chacun pût admettre cent malades ou blessés ;

2° Créer, dans chaque circonscription d'étape d'un corps d'armée, douze hôpitaux, dont chacun pût admettre deux cents malades ou blessés.

La composition et l'organisation du personnel et du matériel de ces hôpitaux furent déterminés comme il suit :

I. PERSONNEL.

Organisation du personnel de secours.

Désignation des membres du personnel.	Nombre nécessaire pour 100 hospitalisés.	Nombre nécessaire pour 200 hospitalisés.
Médecin en chef	1	
Médecins	3	4
Pharmaciens	1	2
Infirmière en chef	1	1
Infirmières	20	40
Aiguiseur	1	1
Administrateur	1	1
Commis	1	1
Trésorier	1	1
Huissiers	2	2
Hommes de peine	6	6
Total	38	60

II. MATÉRIEL.

La distribution du matériel de santé, des effets d'habillement et de la literie, fut organisée comme celle du personnel ; elle fut fixée de la façon suivante :

Matériel de santé pour un hôpital.

Désignation des articles.	Nombre nécessaire pour 100 personnes.	Nombre nécessaire pour 200 personnes.
Paniers régimentaires......	6	12
Tentes.....................	3	6
Brancards...........	6	12

Effets d'habillement et de literie à l'usage des hospitalisés.

Désignation des articles.	Nombre nécessaire pour 100 malades.	Nombre nécessaire pour 200 malades.
Robes simples de malade...	125	250
— doublées — ...	110	220
— ouatées — ...	105	210
Chemises..................	105	210
Ceintures..................	105	210
Couvertures de laine simples.	400	800
Taies de couvertures........	105	210
Sacs et taies d'oreillers	105	210
Draps......................	250	500
Moustiquaires pour 4 personnes	25	50

Effets d'habillement et de literie à l'usage du personnel de secours.

Désignation des articles.	Nombre pour un local affecté à 100 malades.	Nombre pour un local affecté à 200 malades.
Casquettes des servants.....	8	10
Uniformes d'été des servants.	16 complets	20
— d'hiver des servants..........	8	10
Capotes et capuchons des servants..................	8	10
Bonnets d'infirmières.......	63	123

Uniformes d'infirmières....	63	123
Casquettes et enveloppes de casquettes des huissiers et de l'aiguiseur............	3 complets	3
Uniformes d'été, *idem*	6	6
Uniformes d'hiver, *idem*....	3	3
Capotes et capuchons, *idem*.	3	3
Guêtres	3 paires	3
Couvertures de laine simples	106	169
Taies de couvertures.......	30	51
Sacs et taies d'oreillers.....	30	51
Draps....................	16	20
Moustiquaires pour 4 hommes..................	8	15

Comme il y avait à ce moment six divisions, plus une division de la garde impériale et une division de l'armée coloniale à Hokkaïdo, ce qui faisait huit divisions, le nombre des hôpitaux était donc de 12 × 8, c'est-à-dire 96, et la dépense calculée de 750.000 *yen*. On se procura des infirmières pour ces hôpitaux, mais pas d'infirmiers. On calcula le personnel et le matériel d'hôpital, mais on ne songea nullement à celui d'évacuation. Il était évident que nous manquions d'expérience.

Après s'être pourvu de médecins et avoir commencé à instruire les infirmières, des rapports annuels constatant la préparation pour le temps de guerre purent être soumis au Ministère de la guerre, à partir de 1891. En 1894, à l'occasion des manœuvres du corps sanitaire de la garde impériale, nous faisions pour la première fois des préparatifs de mobilisation des hôpitaux de notre Société quand — hélas ! — au lieu d'une manœuvre de mobilisation, il fallut faire une mobilisation réelle et sur une échelle beaucoup plus grande que nous n'étions préparés.

§ 2. — Préparatifs improvisés au début de la guerre.

Quand la guerre éclata, notre but était loin d'être atteint. On remédia au trop petit nombre de médecins et de pharmaciens en engageant, moyennant rétribution, après leur avoir fait subir un examen à l'hôpital de la Société, des praticiens expérimentés de Tokio. Chaque section locale fut également invitée à fournir des médecins de la même façon. Par une communication, en date du 9 octobre, les sections locales furent invitées à former sommairement les infirmières, pour l'usage desquelles un *Manuel* en quatre chapitres fut composé. En groupant ensemble les infirmières de formation rapide et sommaire, préparées par les soins des différentes sections locales, on arriva à disposer d'un personnel de 668 personnes aptes à être employées.

Mais la plus grande difficulté était celle qui concernait les infirmiers. Notre Société en employa pendant la guerre de Kagoshima, mais depuis l'établissement de l'hôpital, suivant l'idée émise par le baron Hashimoto, elle se consacra entièrement à l'enseignement des infirmières, de sorte que nous n'avions pas un seul infirmier quand la guerre de Chine fut déclarée. De plus, le Ministère de la guerre prescrivit que, seuls, les hommes pourraient être expédiés en pays ennemi. Il n'autorisa d'employer les infirmières qu'au service des secours, à l'intérieur de l'Empire, pour de multiples raisons. D'abord, l'assistance par des femmes était une nouvelle institution à laquelle beaucoup de soldats qui arrivaient des départements du Japon étaient inaccoutumés. En second lieu, le service devant être fait dans une contrée ennemie où les habitants n'ont pas la plus légère idée de ce que sont les infirmières, ces personnes n'auraient nullement été respectées par le peuple du territoire occupé. Ensuite, la sphère d'action de la femme étant la maison et la famille, l'envoyer sur le théâtre de la guerre, exposée aux dangers inévitables et aux privations, est tellement contraire à l'idée que se fait le Japonais du sexe faible que l'autorité militaire ne voulut pas accorder cette autorisation. Ce fut très raisonnable.

En conséquence, l'on pourvut aux premiers besoins, en recrutant le personnel nécessaire parmi les anciens infirmiers de l'armée, parmi les étudiants en médecine et parmi toutes les autres personnes ayant l'expérience pratique de la garde des malades. On sentit bientôt la nécessité d'instruire sommairement, au Siège Central de la Société, à Tokio, un nombre plus ou moins grand de personnes destinées à ce service, afin de combler les vacances ou de renforcer les détachements existants. Dans ce but, des candidats furent recrutés au mois de novembre. On fixa le programme des matières à étudier et 275 personnes reçurent une instruction sommaire.

Avec le personnel dont elle disposait déjà et avec celui qu'elle obtint soudain, la Société forma promptement les détachements suivants qu'elle mit à la disposition de l'autorité militaire :

Siège de la Société à :	Nombre de détachements.	Nombre de malades par détachement.
Tokio........	4	200
Kioto......	1	200
Osaka..............	1	200
A reporter..... ..	6	600

Siège de la Société à :	Nombre de détachements.	Nombre de malades par détachement.
Report	6	600
Hokkaïdo..................	1	100
Hiogo....................	1	100
Nagoya..................	1	100
Nagasaki................	1	100
Niigata..................	1	100
Gumma..................	1	100
Miyagi..................	1	100
Ehimé..................	1	100
Kumamoto..............	1	100
Fukuoka................	1	100
Total............	16 hôpitaux	1.600

Pour ce qui est du matériel, on pouvait toujours avoir des médicaments antiseptiques et des pansements en quantité suffisante pour répondre à la consommation. Mais il n'en était pas de même du matériel de santé, des vêtements et de la literie. Avec la quantité existante, on pouvait à peine subvenir à une faible partie du service de secours. En conséquence, on procéda immédiatement, par les moyens les plus rapides, à la fabrication du matériel de santé, des vêtements et de la literie, pour pourvoir les quatre hôpitaux, et, en même temps, ordre fut donné aux deux sections de Kioto et d'Osaka de tenir chacune prêt le matériel d'un hôpital.

De cette façon, on se trouva pourvu d'un matériel pour six hôpitaux. On projeta alors d'en mettre cinq au service de l'armée de terre et de mettre le sixième au service de la marine, et l'on prévint de cette intention le Ministre de la marine et le chef du service des Bienfaits, au Ministère de la guerre.

§ 3. — Relations de la Société avec l'autorité militaire.

Au début de la guerre, les œuvres de la Société de la Croix-Rouge n'étaient pas nettement déterminées. Il n'en pouvait pas être autrement, parce qu'on ne pouvait prévoir jusqu'où pourraient nous conduire les ressources de la Société. Avant la guerre, en effet, le nombre des adhérents de la Société n'était que de 60.000 et ses capitaux atteignaient le chiffre de 288.000 dollars japonais ; par conséquent, on ne pouvait pas préparer avec cette somme un personnel et un matériel bien complets. Mais, un mois après, c'est-à-dire à la fin d'août 1894, le nombre des adhérents s'accrut de 11.000 nouveaux membres ; puis, chaque mois, d'environ 10.000. D'un autre côté, la Société reçut, pendant le courant de la guerre, une somme de 807.000 *yen*. Grâce à ces ressources, la Société pouvait dès lors étendre graduellement ses œuvres au fur et à mesure que les événements le commanderaient.

Ce fut à partir du 9 novembre que notre Société ne fut plus contrainte d'obtenir une autorisation spéciale pour chaque œuvre qu'elle ferait et qu'il lui fut permis d'attendre les ordres du service des Bienfaits, après avoir adressé à ce service la liste du personnel et du matériel dont elle disposait. Au 30 novembre, le Directeur du service de santé en campagne fit paraître une instruction dont les principaux points sont les suivants :

1° La Société de la Croix-Rouge n'est autorisée à exécuter ses travaux que dans les limites de la zone des étapes, où elle sera utilisée au service des hôpitaux d'évacuation, des infirmeries, etc., et dans les hôpitaux de réserve de l'intérieur ; elle sera aussi employée au transport des malades.

2° Lorsqu'il s'agira d'employer le personnel de la Société, soit dans la circonscription des étapes, soit dans les hôpitaux de réserve, on observera les règles suivantes : Si le personnel est groupé, on lui confiera une partie d'un hôpital; s'il ne l'est pas, les médecins et les pharmaciens seront adjoints aux médecins et aux pharmaciens militaires et les infirmiers aux infirmiers militaires, pour les assister dans leurs travaux.

3° Si, par suite de l'exiguïté des salles des malades ou des bâtiments, on était obligé de confier l'établissement entier au personnel de secours envoyé par la Société de la Croix-Rouge, on le désignerait par un numéro d'ordre, annexe n°.... Un médecin militaire, dans ce cas, y sera attaché et exercera le contrôle sur les parties du service qui sont de sa compétence.

4° Un point capital qu'on ne devra jamais perdre de vue, c'est qu'il faut de l'unité et de l'uniformité dans la manière de se conduire à l'égard des malades militaires.

CHAPITRE VIII.

Service de secours pendant la guerre de 1894-1895 et l'expédition de Formose.

§ 1. — Situation spéciale du gouvernement japonais pendant la guerre.

La première expérience dans laquelle la Société de la Croix-Rouge du Japon dut agir en temps de guerre internationale eut lieu dans une circonstance toute spéciale, puisque l'un des partis belligérants, la Chine, n'était point adhérent à la Convention de Genève. A la lettre que M. le Président du Comité international nous écrivit, nous demandant si la Convention ainsi que les lois de la guerre seraient observées par la Chine, nous ne pouvions donc que répondre : « Il faut renoncer à tout espoir de faire pratiquer par les Chinois les principes qui président à notre œuvre, et nous déplorons que ceux de nos soldats qui ont le malheur d'être faits prisonniers par eux soient soumis à des tortures et à des mutilations horribles, au lieu d'être secourus. »

Malgré cela, notre gouvernement fut décidé à suivre l'esprit de la Convention de Genève durant toute la durée des hostilités, et à faire observer à ses armées le principe du droit international en temps de guerre, du moins dans les limites du possible.

Pour arriver à ce but, il autorisa notre Société à aider de

son personnel et de son matériel le service de santé militaire. D'un autre côté, notre Société prit pour principe de se soumettre absolument en tout à l'autorité militaire du service de santé et de ne jamais agir d'une façon indépendante.

Les œuvres de notre Société au cours de la guerre de 1894-1895 ont déjà été publiées dans un ouvrage intitulé : *Le service de secours de la Société de la Croix-Rouge du Japon, pendant la guerre de la 27e - 28e année de Meiji*, présenté à la sixième Conférence de la Croix-Rouge, à Vienne, en 1897, et distribué ensuite aux sociétés de secours de la Croix-Rouge de tous les pays. On peut grouper, en cinq services différents, les œuvres qu'elle accomplit au cours de cette guerre :

1° Service des détachements de secours ;

2° Service à bord des transports militaires ;

3° Service d'assistance aux hôpitaux militaires de réserve et de secours aux prisonniers malades ;

4° Service aux infirmeries des gares ;

5° Service pendant l'expédition de Formose, après la guerre.

§ 2. — Service des détachements de secours.

Le nombre des blessés et des malades soignés par notre personnel dans les hôpitaux militaires se trouvant dans les zones d'étapes des deux corps d'armée fut de plus de 20.000. Et pourtant nous n'envoyâmes que trois détachements, composés chacun d'environ quarante personnes, médecins, infirmiers et administrateurs compris. Voici comment l'on peut expliquer combien tant de blessés et de malades ont pu être soignés par un personnel si restreint : les champs de batailles se trouvant situés de l'autre côté de la mer et les bateaux de transports faisant toujours défaut, l'autorité militaire ne pouvait envoyer qu'un nombre très limité de personnes. Néanmoins, à plusieurs reprises, cette autorité manqua de personnel de santé, et eut dès lors recours chaque fois au personnel de nos détachements qu'elle divisa elle-même en plusieurs groupes. C'est pourquoi nos détachements eurent toujours à donner des soins dans les moments les plus critiques et dans les endroits où la nécessité se faisait le plus sentir.

Au commencement de septembre, nos troupes devaient quitter le sol de la Corée pour se diriger vers le Nord. Les formations sanitaires de l'armée devaient avancer avec elles. Les blessés et les malades s'étant accumulés à Jinsen, tête d'étapes, durent être remis entre les mains du personnel de secours volontaire, et l'autorisation de passer la mer fut aussitôt donnée à notre premier détachement. Ce détachement eut presque exclusivement le soin des malades de l'hôpital d'évacuation de Jinsen et une grande partie de celui de Ping-Yang lui fut également confié. Par la suite, le personnel de ce premier détachement fut employé dans les quatre localités de Ping-Yang, Gishiu, Kisan et Nampo.

Notre deuxième armée d'expédition, qui partit du Japon au milieu d'octobre, s'embarqua sur des vaisseaux qui se réunissaient à l'embouchure de Taïdong avant de débarquer en Chine. Si l'ennemi avait fait résistance au débarquement, il aurait pu en résulter beaucoup de blessés, et comme le personnel du service de santé militaire devait suivre les troupes à mesure que celles-ci s'avançaient sur le pays ennemi, l'évacuation des blessés au point de vue du débarquement fut mis entre les mains du personnel de secours volontaire. C'est pourquoi le Directeur du service de santé en campagne donna à notre Société l'autorisation d'expédier son deuxième détachement de secours. Il partit du Japon à la fin d'octobre, desservit deux localités sur les rives du Taïdong, Ghio-in-to et Kuiyong-po, et après la prise de Kiushiu, eut à prodiguer ses soins dans une grande partie des hôpitaux d'évacuation de Ta-lien-wan et de Kinchou. On doit surtout remarquer que c'est à ce détachement que fut entièrement confié le service de secours des hospices de charité de Kinchou et de Port-Arthur, et que l'armée japonaise, toujours soucieuse de la population pacifique des terrains occupés, prodigua ses soins aux malades non belligérants, ce qui lui attira l'admiration du monde entier. Le service médical de l'armée ayant ses propres attributions, ce fut le personnel de la Croix-Rouge qui fut chargé de cette tâche dont il s'acquitta d'une façon si habile. En quatre mois, l'hospice de charité de Kinchou porta secours à 592 Chinois civils et celui de Port-Arthur à 230, pendant l'espace de deux mois.

Le troisième détachement de secours fut autorisé dans les circonstances suivantes : Vers la fin de l'année 1894, la première armée d'expédition venait de soutenir plusieurs combats acharnés en attaquant l'ennemi dans ses propres bases d'opération, et le nombre des morts et des blessés était considérable. Mais l'évacuation se trouvait arrêtée, tous les ports du Nord de la Corée et de la Mandchourie se trouvant alors gelés. D'un autre côté, le nombre des malades augmentait de jour en jour par suite du froid et des brûlures qu'il occasionnait. C'est ce qui décida le Directeur général du service de santé en campagne à demander, comme renfort à notre premier détachement, un nouveau personnel de secours. Ce troisième détachement, composé de 38 personnes, assistait le service de l'hospice sédentaire de campagne de Taïkosan, des lieux de logement des malades de Dojioshi et de Seïtaïshi et de l'hôpital d'évacuation de Shoshiu, jusqu'au printemps de l'année suivante.

§ 3. — SERVICE A BORD DES TRANSPORTS MILITAIRES.

Au mois de septembre, après la bataille de Ping-Yang, les soldats blessés, renvoyés par mer au Japon, augmentant chaque jour et, d'un autre côté, la dysenterie et la fièvre typhoïde faisant de grands ravages sur le théâtre de la guerre, notre Société s'adressa alors à l'autorité militaire et reçut aussitôt l'autorisation de seconder le service de santé militaire à bord. Elle envoya six groupes de personnel sur mer, chaque groupe composé d'un médecin et de six infirmiers. Ils rendirent service sur les vaisseaux d'évacuation entre le Japon et la Corée, depuis le commencement d'octobre jusqu'au 10 décembre. Le nombre de leurs voyages s'éleva à 13 et celui des malades et des blessés qu'ils soignèrent à 4.400.

Vers la fin de 1894, quand la mer du nord de la Corée et de la Mandchourie fut gelée, le service de secours à bord fut interrompu pendant quelque temps ; au mois de mars 1895, il recommença, mais les circonstances avaient changé. En effet, la presqu'île de Leao-Tung et Weï-Haï-Weï étaient déjà entre nos mains ; il était question de transporter le grand quartier général en Chine pour porter un grand coup au pays ennemi, et, d'un autre côté, une partie de notre armée s'était avancée vers le sud, avait occupé les Pescadores et était sur le point de débarquer à Formose. A ce moment, les navires employés, soit au transport des troupes et des munitions, soit au rapatriement des malades, étaient au nombre de plus de 100. La navigation était extrêmement active. De plus, comme la saison de l'été approchait, il était à redouter que des épidémies ne se déclarassent, de sorte que le besoin du service de santé à bord se faisait de jour en jour plus sentir. Evidemment, le service de santé de l'armée ne pouvait diviser son personnel pour les services à bord des vaisseaux si nombreux. C'est pourquoi, le 11 mars 1895, la Société reçut du Directeur général du service de santé en campagne, l'ordre suivant : « Envoyez au commandement d'étape et au commandement de Ujina, 100 médecins et 300 infirmiers destinés à être embarqués sur les divers navires mobilisés pour le service de l'armée. » Le personnel demandé fut immédiatement recruté par le Siège Central et les sections locales de la Société et l'ordre fut exécuté dans l'espace d'une semaine.

Ce personnel, divisé par groupes composés chacun d'un médecin et de trois ou quatre infirmiers, fut embarqué sur les transports militaires et employé pendant tout le cours de la guerre, et même après la guerre, quand revinrent triomphalement les troupes expéditionnaires, quand eut lieu l'expédition de Formose ainsi que le remplacement des troupes de garde des territoires occupés et le renvoi des prisonniers chinois. Il exerça pendant 320 jours, c'est-à-dire jusqu'au 6 février 1896. 120 médecins et 354 infirmiers avaient participé à ce service ; 101 vaisseaux avaient été employés ; 1.437 voyages avaient été faits ; les malades et les blessés transportés à bord avaient dépassé 33.700 et les hommes d'équipage et le personnel du bord ayant demandé des consultations celui de 25.300.

§ 4. — Service d'assistance aux hôpitaux militaires de réserve et de secours aux prisonniers malades.

C'est dans le service des hôpitaux militaires de réserve que l'autorité militaire utilisa surtout le personnel et le matériel de notre Société. Aussi, est-ce à seconder cette branche de secours que celle-ci consacra, pendant un an, du commencement d'août 1894 à la fin de juillet 1895, la plus grande somme de ses efforts et de ses ressources. Hiroshima était la ville voisine de la base des étapes de guerre, où il y avait toujours amoncellement de malades et de blessés. Pour seconder l'hôpital de réserve de cette ville, notre Société expédia un personnel et un matériel pour deux hôpitaux, chacun pouvant admettre 200 malades. Une grande partie du susdit hôpital de réserve — et notamment les quatre salles des maladies contagieuses — furent confiées à notre personnel.

Même à Tokio, l'œuvre de l'assistance au service médical dans l'hôpital militaire de réserve se fit sur une très large échelle. Le but de l'hôpital de la Société de la Croix-Rouge est, on l'a déjà dit, de servir d'auxiliaire à l'hôpital militaire de réserve. La première division territoriale en fit la 3e annexe de l'hôpital militaire de réserve de Tokio, et confia entièrement à nos mains le soin des malades. Au fur et à mesure que le nombre des hospitalisés augmentait, des baraquements furent construits autour des bâtiments ; à un moment donné, ils étaient au nombre de vingt et contenaient plus de 700 malades. 20 médecins et plus de 250 infirmiers y furent employés.

En outre, le service médical dans les hôpitaux militaires

de réserve fut, avec l'autorisation des divisions territoriales, assisté du personnel de la Société, pris dans les sections locales de Matsuyama, Nagoya, Toyohashi, Kumamoto, Kokura, Fukuoka, Marugamé, Sendaï.

Il faut prêter une attention toute spéciale aux soins donnés aux prisonniers de guerre malades dans les hôpitaux de l'intérieur. Le gouvernement japonais, s'appuyant sur le principe fondamental de la Convention de Genève, qui est de porter secours aux soldats, sans distinction de parti, nous confia la mission de soigner les prisonniers de guerre chinois. En ce qui touche à l'organisation du service, il nous permit là d'agir d'une façon plus indépendante que dans tous les autres cas.

Dans les quatre villes de Tokio, Osaka, Nagoya et Toyohashi, notre Société porta secours à 1.480 prisonniers de guerre dont 7 seulement moururent.

Pour donner une idée de la difficulté de cette mission, il faut tout d'abord faire remarquer la différence de langage. Notre personnel de secours, dans l'exécution de son œuvre, dut se servir d'interprètes, ce qui fut très gênant ; mais ce qui le fut encore davantage, ce fut la grande variété des dialectes qui empêchèrent les soldats chinois de se comprendre entre eux et qui embarrassèrent extrêmement les interprètes. Une autre difficulté, ce fut l'ignorance absolue, chez les prisonniers, des principes de l'hygiène. On ne saurait se faire une idée de leur indifférence et de leur insouciance, en matière d'hygiène et de propreté. Ordinairement, peu intelligents et sans aucune instruction, ils ne se rendaient qu'avec beaucoup de peine aux prescriptions et aux conseils des médecins et des infirmières.

Malgré toutes ces difficultés, notre personnel de secours,

Bateau-Hopital de la Société de la Croix-Rouge du Japon.

Membres du Comité des Dames fabriquant des bandages.

mû par les plus hauts sentiments de philanthropie et d'humanité, apporta toujours le zèle le plus empressé et le plus dévoué. Il ne se borna pas à guérir leurs blessures et leurs maladies ; il montra également sa sollicitude pour la conservation de leur santé en les faisant vacciner tous et en leur apprenant le but de la Croix-Rouge. Cette conduite produisit son effet, car, au moment de leur départ, plusieurs d'entre eux furent pleins de gratitude, et l'on en vit pleurer dans les gares, montrant ainsi le chagrin qu'ils éprouvaient de se séparer des membres de notre personnel qui étaient venus les accompagner.

§ 5. — Service aux infirmeries des gares.

Au commencement de la guerre, quand les troupes allaient être expédiées par les voies ferrées, notre Société demanda et obtint de l'autorité militaire et de la direction générale des chemins de fer, l'autorisation d'élever, dans chaque gare où les trains devraient s'arrêter, un local où des soins pourraient être donnés aux malades et où l'on pourrait offrir aux soldats du thé, des gâteaux, du pain, des cigarettes, des mouchoirs, des cartes postales, etc. Des infirmeries furent donc établies auprès de chaque gare, sous des tentes et des baraquements, et des médecins et des infirmiers s'y relayèrent jour et nuit, et prodiguèrent leurs soins aux malades, qui furent nombreux, sans toutefois être atteints gravement, puisqu'il n'y en eut que deux qui durent être hospitalisés.

Au mois de mai 1895, les troupes commencèrent à rentrer. L'accueil fait aux soldats bien portants et les soins donnés aux blessés et aux malades par le Siège Central et les sections locales furent encore plus actifs qu'au départ. Les personnes soignées par les infirmeries des gares s'élevèrent à 2.141.

§ 6. — Service pendant l'expédition de Formose, après la guerre.

Au mois de mai 1895, le traité de paix de Shimonoseki ayant été ratifié, un gouvernement local fut institué pour l'île de Formose et pour les Pescadores que la Chine nous céda. Mais l'ancien gouverneur de cette île leva l'étendard de la révolte, et les peuples se laissèrent aller à la rébellion. Pour venir à bout de leur nombre et de leur courage, une grande armée était nécessaire. C'est pourquoi des régiments de la garde impériale et de la deuxième division furent successivement expédiés. De juin à octobre eurent lieu des batailles encore plus acharnées que celles de la guerre proprement dite avec la Chine, car les habitants de Formose sont plus courageux et de race plus disparate que ceux de la Chine septentrionale ; mais aussi, par suite de la situation dans la zone torride et de son climat malsain, les blessés et surtout les malades furent en nombre très considérable.

Au mois de juillet, le nombre des militaires, des employés de l'armée et des coolies qui se rendirent dans cette île dépassa 30.000 hommes, dont 3.000 furent hospitalisés à l'hôpital d'évacuation de Kelung. Les deux tiers étaient atteints de béri-béri et de maladies contagieuses. Si tel était le nombre des malades à Kelung seulement, on peut facilement doubler et même tripler pour avoir celui des malades des autres localités. Le personnel du service de santé lui-même ne fut pas exempt de la malpropreté du sol, de la chaleur suffocante, de l'eau malsaine et de l'insuffisance des approvisionnements. Sur 10 infirmiers, trois ou quatre durent s'aliter une semaine environ après leur arrivée. Voici un exemple qui montre combien est malsain le climat de cette île : le 8 juillet, 1 médecin et 48 infirmiers arrivèrent à Kelung et commencèrent le service dans l'hôpital d'évacuation. Dans l'espace de 15 jours, 3 d'entre eux mouraient, 7 étaient rapatriés, 6 entraient à l'hôpital et d'autres étaient incapables de service.

Notre détachement de secours fut expédié, au nombre de 55 personnes, sur l'ordre du Directeur général du service de santé en campagne, pour seconder le service médical à l'hôpital d'évacuation de Kelung. A un moment donné, nos deux médecins furent chargés de plus de 4.000 malades, gémissant dans les salles des affections contagieuses. La plume se refuse à décrire la dureté de la tâche que notre personnel s'imposa. Ses membres tombèrent tour à tour malades ; au commencement de septembre, presque tous, le délégué et le médecin en chef compris, étaient atteints et obligés de suspendre leurs travaux. Il fallut donc, à plusieurs reprises, faire un nouvel envoi de médecins et d'infirmiers. Dans l'espace de 40 jours, notre personnel donna, à Kelung, secours à 4.900 malades et blessés. Dès le 7 septembre, ce personnel fut transféré à l'hôpital d'évacuation de Taïkoku où il resta en service jusqu'au 10 novembre, soignant 4.380 malades ou blessés.

Telles sont les grandes lignes de l'œuvre de la Société pendant la guerre de 1894-1895.

CHAPITRE IX.

Préparatifs faits par la Société après la guerre de 1894-1895.

§ 1. — ETUDES DES PRÉPARATIFS DU SERVICE EN TEMPS DE GUERRE.

La guerre avait laissé à la Société une grande force et une grande expérience, ainsi que beaucoup de ressources pour se préparer à nouveau sur une nouvelle base. Après avoir accordé des indemnités suffisantes au personnel de secours ainsi que des récompenses à ceux qui avaient rendu des services éclatants, il restait encore, après le rétablissement de la paix, plus de 670.000 *yen* à l'actif de la Société, sans compter les cotisations annuelles des membres qui dépassaient 450.000 *yen*.

On commença donc à se préparer pour le service en temps de guerre sur une base beaucoup plus solide, et en utilisant toutes les expériences qu'on avait acquises au cours de la guerre ainsi que celles que les sociétés étrangères avaient pu acquérir.

En septembre 1895, à l'occasion de son voyage en Europe, l'auteur de cet Exposé, qui a fait toute la campagne sino-japonaise comme conseiller légal de la deuxième armée, était chargé d'étudier les divers systèmes de préparatifs à faire pour le temps de guerre dans les différents pays d'Europe. M. le comte Hisamatsu, membre du Comité exécutif et le docteur Iwaï, médecin de l'hôpital de la Société, étaient chargés de la même étude, à leur voyage en Europe, quand ils furent envoyés au couronnement du Tsar. M. le baron de Sieboldt se trouvant en Europe, à son château de Freibourg, fut aussi chargé de communiquer à la Société les systèmes de préparatifs pour le service en temps de guerre.

Les Sociétés de la Croix-Rouge de France, d'Italie, de Bavière et du Comité International de Genève se mirent toutes à leur disposition et leur fournirent tous les renseignements qu'ils désiraient.

Quand l'auteur retourna au Japon, l'année suivante, il fut chargé par la Société de corroborer les résultats de toutes les études faites des différents systèmes étrangers et de rédiger un projet de règlement sur le service en temps de guerre, montrant comment doivent être faits les préparatifs.

§ 2. — Préparatifs provisoires.

Comme c'était un très grand travail que d'étudier ce projet, le discuter, l'arrêter et le soumettre à l'autorité militaire, et comme, d'un autre côté, un travail de préparation ne pouvait pas être complètement arrêté durant ce temps, une préparation fut donc commencée sur un plan provisoire dès le mois d'octobre 1896.

A la même époque, l'organisation de notre armée comprit douze divisions, sans compter la division de la garde impériale. La Société s'est donc mise en devoir de pourvoir au personnel nécessaire pour six hôpitaux pouvant admettre

200 malades ou de douze hôpitaux admettant chacun 100 malades, un pour chacune des treize divisions.

Le nombre des malades fut évalué pour chaque division à 1.200. Ceux-ci furent partagés comme il suit :

Siège de la Société : Tokio	17 hôpitaux	de 200	malades
15 grandes sections locales	2	— 100	—
31 petites sections locales	2	— 100	—

A la fin de l'année 1898, on pouvait déjà employer le personnel suivant qui se trouvait prêt :

Médecins....................	130 (dont 22 médecins-chefs).
Infirmières...................	1.191 (dont 782 en cours d'études).
Membres du Comité des Dames de secours volontaires......	898
Infirmiers..................	291 (dont 100 en cours d'études).
Pharmaciens	3
Aiguiseur	1
Transporteurs...............	71

§ 3. — Nouveau règlement du service en temps de guerre.

Le projet de règlement du service en temps de guerre fut achevé pendant l'été de 1897 et soumis à la ratification du Ministre de la guerre. Ce règlement, en majeure partie révisé et presque totalement reconstitué d'après les observations du Directeur du service médical de l'armée, fut finalement ratifié en octobre 1898.

Avant de soumettre aux yeux du lecteur les articles de cet important document, il semble utile de résumer ici les expériences que nous fîmes durant la dernière guerre, expériences qui ont motivé la nouvelle réglementation.

Elles furent au nombre de cinq :

1° Nous avions, sur l'indication de l'autorité militaire, composé notre personnel et notre matériel pour hôpitaux. Mais la guerre une fois survenue, l'autorité militaire ne nous autorisa plus à faire usage de cette composition. Au contraire, ces personnels devaient être démembrés et divisés en divers petits détachements et envoyés dans différentes régions. C'était seulement à l'intérieur que notre personnel était employé comme nous l'avions composé; mais là encore, il était considéré comme section d'un grand hôpital militaire.

2° Bien que nous eussions instruit nos infirmières de concert avec l'autorité militaire, celle-ci, pour les raisons exprimées dans le chapitre VII, § 2, pensa qu'il était préférable de ne point envoyer les femmes en dehors des circonscriptions d'étapes et, à la place des infirmières, elle ordonna d'employer des infirmiers dont nous n'étions nullement pourvus. Tous les infirmiers nécessaires devaient être recrutés sur-le-champ et instruits de même.

3° L'autorité militaire ni la Société de la Croix-Rouge n'étaient préparées pour faire évacuer les blessés et les malades des hôpitaux de campagne jusqu'à la tête d'étape, à travers des régions sans voies ferrées et presque sans chemins d'aucune sorte.

Les routes étaient si mauvaises qu'il ne fallait nullement songer au transport au moyen de véhicules quelconques. Tout soldat blessé ou malade ne pouvait donc être porté sur un parcours de plusieurs kilomètres et quelquefois de plusieurs lieues que sur un brancard et par de vulgaires coolies.

4° Le Japon formant une ile, l'évacuation des blessés et des malades, depuis la tête d'étape jusqu'à notre pays, devait se faire par mer; mais ni l'autorité militaire ni la Société de la Croix-Rouge ne possédaient de navires spécialement affrétés dans ce but. Tous les navires marchands en bon état étant réquisitionnés et employés au transport des troupes et du matériel de guerre, la Société de la Croix-Rouge ne put affréter aucun de ces bateaux pour aider l'évacuation par mer, de sorte que nous avons dû nous contenter d'employer notre personnel de secours à aider à l'évacuation des blessés et des malades sur les navires de transports militaires.

5° La Société, n'ayant pas de dépôts lui appartenant, était obligée de confier son matériel à l'autorité militaire pour le faire transporter sur le théâtre de la guerre.

Nous avons donc décidé, pour notre nouveau règlement, de combler ces lacunes. Nous avons arrêté les cinq points suivants :

1° Composer des détachements de personnel et de matériel plus petits que ceux composant un hôpital entier, de façon qu'on puisse les diviser ou les grouper à volonté ;

2° Instruire des infirmiers aussi bien que des infirmières ;

3° Pourvoir à l'évacuation des malades et des blessés par terre provenant des colonnes de transports ;

4° Construire des bateaux-hôpitaux de la Société de la Croix-Rouge pour servir à l'évacuation par mer de la tête d'étape jusqu'à la mère-patrie ;

5° Organiser des dépôts pour pouvoir transporter notre matériel, en cas de guerre.

§ 4. — Règlement de la Société pour le service de secours en temps de guerre.

Comme nous jugeons qu'il est extrêmement important d'exposer textuellement les œuvres que notre Société s'imposa en temps de guerre, nous croyons devoir donner *in extenso* le règlement suivant :

Règlement concernant le service de secours en temps de guerre.

(Ratifié par le Ministre de la guerre, le 28 octobre 1898).

CHAPITRE PREMIER. — Dispositions générales.

Article premier. — Le service de secours en temps de guerre de la Société de la Croix-Rouge du Japon est établi en conformité avec les résolutions de la Conférence internationale de Genève d'octobre 1863 et de la Convention signée par les gouvernements européens à Genève, le 22 août 1864, à laquelle le Gouvernement Impérial du Japon a adhéré le 15 novembre de la dix-neuvième année de Meiji (1886).

Art. II. — Le service de secours en temps de guerre comporte les cinq subdivisions suivantes :

1° Service des détachements de secours ;

2° Service des colonnes de transports ;

3° Service sur les bateaux d'évacuation ;

4° Service dans les stations-halte-repas ;

5° Service des dépôts de matériel.

Art. III. — Le Président de la Société a la direction entière du service de secours en temps de guerre.

Art. IV. — Le Président soumet, avant le 31 octobre de chaque année, au Ministre de la Maison impériale et au Ministre de la guerre, un résumé succinct des préparatifs du service en temps de guerre pour l'année suivante, commençant le 1er avril.

CHAPITRE II. — **Des délégués.**

Art. V. — Les délégués de la Société de la Croix-Rouge du Japon sont de trois sortes :

1° Délégué général ;

2° Délégué en chef ;

3° Délégué ordinaire.

Art. VI. — Le délégué général représente le Président devant le grand quartier-général ; il dirige et contrôle les délégués envoyés sur le théâtre de la guerre et s'assure qu'aucun retard ne vient entraver le service de secours.

Le délégué général est subordonné à l'inspecteur général des étapes et, au sujet des questions de secours, il reçoit les ordres du Directeur général du service de santé en campagne.

Si le Président juge cela nécessaire, il présente lui-même au grand quartier-général et dispose de toutes questions sans désigner le délégué général.

Art. VII. — Le délégué en chef est placé sous la direction des Etapes ; il dirige et contrôle les délégués et les médecins sous ses ordres.

Le délégué en chef est sous les ordres de l'inspecteur des étapes et, pour les questions de secours, obéit aux ordres du chef des services médicaux des étapes.

Art. VIII. — Un délégué ordinaire est nommé pour contrôler les médecins et les autres membres du personnel ; il régularise aussi les différentes questions de secours.

Les délégués ordinaires obéissent aux ordres de l'autorité militaire sous laquelle ils sont placés et, pour les questions de secours, ils reçoivent des ordres des médecins militaires compétents.

Dans les groupes auxquels aucun délégué ordinaire n'est attaché, le médecin le plus ancien fait fonction de délégué.

Art. IX. — Les délégués doivent produire des rapports à l'époque indiquée par le Président ou des rapports immédiats, s'il s'agit de matières urgentes.

Art. X. — Aucun délégué général ou délégué en chef n'est désigné pour les questions de secours se rattachant à la forteresse de la division territoriale et de la défense des côtes, etc ; de telles questions relèvent du Président placé directement sous les ordres du Ministre de la Guerre.

CHAPITRE III. — **Détachements de secours.**

Art. XI. — Les détachements de secours de la Société de la Croix-Rouge du Japon ont pour objet de venir en aide au service des hôpitaux militaires et au service d'escorte des malades, ainsi que d'autres œuvres de secours qui leur sont confiées par les autorités militaires.

Art. XII. — Un détachement de secours est organisé comme suit :

Médecins	2
Pharmacien assistant	1
Chef-infirmier ou infirmière	1
Infirmiers ou infirmières	10
Administrateur	1
Coolies	2
Total	17

Art. XIII. — Le nombre des détachements de secours à fournir pour une division est de 20, et la règle pour chaque détachement est de venir en aide et de soigner environ 100 malades.

Art. XIV. — Le matériel exigé pour un détachement figure au tableau, annexe I.

CHAPITRE IV. — **Colonnes de transports.**

Art. XV. — Les colonnes de transports de la Société de la Croix-Rouge du Japon ont pour objet de secourir le service de santé de l'armée pour l'évacuation par terre des malades et des blessés.

Art. XVI. — L'organisation d'une colonne de transport prend pour règle l'évacuation de 20 malades et se compose du personnel suivant :

Médecin	1
Infirmiers	2
Administrateur	1
Chef-porteur	1
Transporteurs	60
Coolies	2
Total	67

Art. XVII. — Le nombre des colonnes de transports à fournir est de 2 pour chaque division.

Art. XVIII. — Le matériel exigé dans chaque colonne de transport figure au tableau, annexe II.

CHAPITRE V. — **Bateaux d'évacuation.**

Art. XIX. — Les bateaux d'évacuation de la Société de la Croix-Rouge du Japon ont pour but de venir en aide au service de santé de l'armée en ce qui concerne l'évacuation par mer des malades et des blessés. Ils sont divisés en deux classes, A et B.

Art. XX. — Les bateaux d'évacuation de la classe A ont pour règle le transport de 200 malades et au-dessus et sont composés du personnel suivant :

Délégué	1	
Médecin-chef	1	
Médecins	3	
Pharmacien	1	
Secrétaire	1	
Pharmaciens assistants	2	
Chefs-infirmiers	2	
Infirmiers	40	(dont 4 chefs).
Aiguiseur	1	
Total	52	

Art. XXI. — Les bateaux d'évacuation de la classe B ont pour règle le transport de 100 malades et au-dessus et sont composés du personnel suivant :

Délégué	1	
Médecin-chef	1	
Médecins	2	
Pharmacien	1	
Secrétaire	1	
Pharmacien assistant	1	
Chef-infirmier	1	
Infirmiers	20	(dont 4 chefs)
Aiguiseur	1	
Total	29	

Art. XXII. — Le nombre de bateaux d'évacuation à fournir est de 2 de la classe A et de 2 de la classe B pour toute l'armée.

Art. XXIII. — Les bateaux d'évacuation doivent être peints extérieurement en blanc.

Art. XXIV. — Les bateaux d'évacuation doivent hisser le pavillon neutre de la Convention de Genève et, s'ils ont à bord des malades atteints de maladies contagieuses, ils doivent ajouter en plus une flamme jaune.

Art. XXV. — Les bateaux d'évacuation doivent être munis des papiers exigés pour prouver au besoin le droit qui leur est accordé, d'après les principes de neutralité.

Art. XXVI. — Le matériel exigé pour chaque bateau d'évacuation figure au tableau, annexe III.

Art. XXVII. — Les bateaux d'évacuation peuvent être chargés de prendre à leur bord et de transporter du personnel et du matériel de secours, pourvu que leur service ne soit pas entravé.

CHAPITRE VI. — **Stations-halte-repas.**

Art. XXVIII. — Les stations-halte-repas d'évacuation de la Société de la Croix-Rouge du Japon ont pour but de donner de la nourriture et des stimulants aux malades et aux blessés se trouvant sur les routes d'évacuation, afin de soulager leurs souffrances et de réparer leurs fatigues.

Art. XXIX. — Les stations-halte-repas sont établies, après autorisation préalable de l'autorité militaire compétente, dans les ports de débarquement, les stations de chemins de fer, etc., où les malades arrivent ou restent sur les routes d'évacuation.

Art. XXX. — Les objets en nature ainsi que les dépenses exigés par les stations-halte-repas d'évacuation doivent, autant que possible, provenir des dons volontaires.

CHAPITRE VII. — **Dépôts de matériel.**

Art. XXXI. — Les dépôts de matériel de la Société de la Croix-Rouge du Japon sont de deux sortes : permanents ou temporaires.

Art. XXXII. — Les dépôts permanents de matériel sont établis au Siége Central de la Société à Tokio et dans les sections locales pour conserver différents matériels en temps de paix et pour ramasser également en temps de guerre le matériel qui est procuré et les dons en nature qui sont offerts, et pour les envoyer aux dépôts temporaires et dans les autres endroits où le besoin s'en fait sentir.

Art. XXXIII. — Les dépôts temporaires de matériel sont établis dans les places nécessaires en temps de guerre, avec l'autorisation compétente militaire, pour recevoir du dépôt permanent le matériel requis et les dons en nature ou le procurer sur-le-champ et l'envoyer ensuite en avant sur les champs de bataille, ainsi que pour recevoir le matériel qu'on renvoie en arrière.

Art. XXXIV.— Un dépôt temporaire de matériel est organisé de la façon suivante :

Délégué	1
Pharmacien..	1
Administrateur.............	1
Aiguiseur....................	1
Coolies......................	4
Total..........	8

CHAPITRE VIII. — **Règle générale sur les personnels de secours.**

Art. XXXV. — Nul ne peut faire partie du personnel de secours de la Société de la Croix-Rouge du Japon s'il n'est sujet de l'Empire, à moins d'une autorisation spéciale du Ministre de la guerre.

Art. XXXVI. — La nomination du délégué général est faite par le Président d'honneur, après autorisation du Ministre de la guerre sur les candidats présentés par le Président, et portée à la connaissance de Sa Majesté.

Art. XXXVII. — La nomination du délégué en chef est faite par le Président d'honneur, après autorisation du Ministre de la guerre sur les candidats présentés par le Président.

Art. XXXVIII. — La nomination d'un délégué ordinaire est faite par le Président après approbation du Président d'honneur.

Art. XXXIX. — La nomination du délégué général et du chef délégué n'a lieu qu'en temps de guerre.

Art. XL. — Les délégués ordinaires sont nommés dès le temps de paix pour cinq ans. Si la guerre est déclarée avant la fin de cette période, ils sont obligés de rester en service jusqu'à ce qu'elle soit terminée.

Art. XLI. — Les règlements concernant les médecins et les pharmaciens de réserve sont applicables à tout ce qui concerne la nomination de ces personnels.

Art. XLII. — Les noms et qualifications des délégués ordinaires, des médecins et des pharmaciens qui sont nommés doivent être portés à la connaissance du Ministre de la guerre.

Art. XLIII. — Le Président nomme l'administrateur, le secrétaire, le pharmacien assistant, l'infirmière en chef et le transporteur en chef.

Art. XLIV. — En ce qui concerne les pharmaciens assistants, les infirmières, les infirmiers, les transporteurs et les aiguiseurs, leurs emplois sont réglés par les règlements concernant ces personnels de réserve.

Art. XLV. — Les personnels de divers services ne sont pas établis dès le temps de paix, mais sont engagés en temps de guerre.

Art. XLVI. — Les personnels de secours doivent répondre à l'appel dans les vingt-quatre heures.

Art. XLVII. — Les personnels de secours reçoivent un salaire déterminé à l'avance par les règlements. Même les personnes faisant partie d'un service honoraire doivent suivre les dispositions de cet article pendant le temps qu'elles sont parmi les personnels de secours.

Art. XLVIII. — Les personnels de secours doivent porter l'uniforme déterminé à l'avance et ratifié par le Ministre de la guerre.

Art. XLIX. — Les personnels de secours doivent porter les insignes de la neutralité sur la manche gauche.

Art. L. — Les personnels de secours doivent suivre les règlements de discipline de l'armée et obéir à ses ordres. En cas de désobéissance ou d'incapacité, l'autorité militaire a le droit de refuser leurs services pour l'avenir.

Art. LI. — Si, pour une raison indispensable, un personnel de secours en service doit être changé, il faut en obtenir l'autorisation militaire.

Art. LII. — Les questions de discipline, de récompenses, de funérailles et de pensions pour blessures, pour veuves, etc., du personnel de secours, sont soumises à des règlements spéciaux.

Art. LIII. — Le règlement concernant les secours en cas de calamités publiques s'applique quand le personnel et le matériel fournis ont été, suivant ce règlement, employés à y porter secours.

Art. LIV. — Les préparatifs pour le service en temps de guerre, établis par le présent règlement, seront complétés, dans le plus bref délai, aussitôt que les revenus de la Société le permettront.

CHAPITRE X.

Préparation du personnel : Médecins et pharmaciens.

Nous avons exposé, dans le chapitre précédent, le plan général par lequel la Société de la Croix-Rouge du Japon vient en aide au service médical de l'armée en temps de guerre ; il reste maintenant à montrer comment le personnel et le matériel exigés doivent se recruter et fonctionner.

§ 1. — Étudiants en médecine confiés aux soins de l'Université.

Il y a deux façons d'assurer le concours de nos médecins : par l'engagement des étudiants en médecine dont l'instruction est confiée à l'Université et par celui des médecins ayant déjà obtenu leur diplôme. Ce dernier mode est aussi applicable aux pharmaciens ; le premier ne s'applique qu'aux médecins. Voici le règlement en vigueur, concernant le premier moyen :

Règlement concernant les étudiants en médecine confiés aux soins de l'Université.

(*Établi en janvier 1898.*)

Article premier. — Dans le but de se procurer des médecins de réserve de la Société, celle-ci se met en rapport avec l'Université de Tokio qui choisit ceux, parmi les étudiants de la Faculté de médecine, qui doivent être instruits pour la Société.

Art. II. — Chaque fois que la Société décide de recruter ses étudiants confiés aux soins de l'Université, le nombre qu'elle désire avoir est communiqué au Président de l'Université.

Hopital de la Société. — Vue de face.

Hopital de la Société. — Vue de derrière.

Secours donnés aux victimes des tremblements de terre à Akita.

Secours donnés aux victimes des tremblements de terre à Akita.

Art. III. — Les étudiants de la Faculté de médecine désirant devenir étudiants de la Société et confiés aux soins de l'Université doivent faire une demande écrite accompagnée du dossier de leurs études et l'adresser à la Société, par l'intermédiaire du Président de l'Université.

Art. IV. — Les étudiants-candidats doivent être examinés par la Société, au point de vue de leur constitution physique; s'ils remplissent les conditions exigées, avis en est donné au Président de l'Université.

Art. V. — Quand un étudiant, confié aux soins de l'Université, a terminé ses études et passé son dernier examen, la Société reçoit du Président de l'Université son dossier et l'engage comme médecin de réserve de la Société.

Art. VI. — Le médecin de réserve engagé est, en règle générale, nommé directement comme médecin à l'Hôpital de la Société; mais il peut également pratiquer la médecine pour son propre compte ou prendre, selon les circonstances, du service dans un autre hôpital.

Art. VII. — Un étudiant confié aux soins de l'Université et dont le dossier a été très favorable, peut être envoyé pour se perfectionner dans les pays étrangers, aux frais de la Société, après décision du Conseil permanent.

Art. VIII. — Si un étudiant, confié aux soins de l'Université, a été renvoyé après inconduite, paresse ou contravention, la Société résilie l'engagement pris avec lui, sitôt qu'elle en a reçu avis du Président de l'Université.

Art. IX. — Si un étudiant, confié aux soins de l'Université, se trouve dans l'impossibilité de pouvoir continuer ses études pour une cause quelconque de maladie ou de mauvaise santé, la Société résilie également son engagement après en avoir été informée par le Président de l'Université.

Art. X. — L'étudiant confié aux soins de l'Université reçoit de la Société 15 *yen* par mois pour couvrir les frais de ses études.

Art. XI. — L'étudiant confié aux soins de l'Université, pourvu de son diplôme de docteur, devient médecin de réserve de la Société, et doit remplir, non seulement l'obligation de prendre du service de secours en temps de guerre ou de calamités publiques à chaque appel de la Société, et cela pendant quinze ans, qu'il soit engagé à l'hôpital de la Société ou ailleurs, mais il doit aussi observer strictement le règlement sur les médecins et les pharmaciens de réserve de la Société en tout ce qui le concerne.

Telles sont les règles concernant les étudiants en médecine engagés par la Société et confiés aux soins de l'Université.

A la demande du docteur Hashimoto, chef de l'hôpital de la

Société, un des médecins assistants de l'hôpital a été envoyé dernièrement en Allemagne, aux frais de la Société, pour compléter ses études.

§ 2. — Médecins et pharmaciens de réserve, engagés par contrat.

Pour s'assurer le concours d'un plus grand nombre de médecins et de pharmaciens pour le service en temps de guerre, un nouveau système d'engagement a été adopté. Ce système, déjà en vigueur, comporte les dispositions suivantes :

Règlement concernant les médecins et pharmaciens de réserve.

(Etabli en août 1898).

Article premier. — La Société de la Croix-Rouge du Japon s'assure le concours de médecins et de pharmaciens de réserve pour les besoins imprévus du service de secours en temps de guerre ou en cas de calamités publiques.

Art. II. — Les médecins de réserve (y compris les médecins-chefs) et les pharmaciens de réserve sont engagés par le Président, après constatation de leurs capacités par le chef de l'hôpital de Tokio ou par les chefs de sections dans les départements.

Art. III. — L'engagement des médecins et des pharmaciens de réserve est de cinq années, pendant lesquelles ils sont tenus de faire partie du service de secours en temps de guerre ou en cas de calamités publiques chaque fois qu'ils sont appelés par le Siège Central de la Société à Tokio ou par les sections locales compétentes.

Art. IV. — Les médecins et les pharmaciens de réserve doivent remplir les conditions suivantes :

1° Le médecin-chef doit avoir au moins 30 ans et moins de 50 ; les médecins, au moins 25 ans et moins de 45 ; les pharmaciens, au moins 20 ans et moins de 45 ; ils doivent également être libérés du service militaire.

2° Une constitution physique robuste et un bon caractère ;

3° Pour les médecins-chefs, l'instruction doit être égale ou supérieure au titre de gradué de la Faculté de Médecine ; pour les médecins et les pharmaciens, l'enseignement doit être égal au titre de gradué du département médical de la haute école; ils doivent de plus avoir l'autorisation de pratiquer la médecine ou la pharmacie;

4° Un passé irréprochable.

Art. V. — Les candidats au grade de médecins et de pharmaciens de réserve doivent adresser une demande écrite, accompagnée du dossier de leurs études au Siège Central de la Société à Tokio, ou dans une section locale compétente.

Art. VI. — Les candidats médecins ou pharmaciens de réserve sont choisis d'après l'examen de leurs dossiers d'études, et admis définitivement, s'ils remplissent les conditions exigées de constitution physique. En cas de recrutement par une section locale, le chef de la section envoie les dossiers d'études au Siège Central de la Société où les candidats sont choisis et admis.

Art. VII. — Une fois admis comme médecin ou pharmacien de réserve, l'acte d'engagement est adressé à la Société qui envoie au médecin ou au pharmacien sa feuille de nomination.

Art. VIII. — Les médecins et les pharmaciens de réserve sont appelés une fois, au Siège Central, pour une durée de une ou deux semaines, afin d'étudier le service pratique dans l'hôpital de la Société. Ils peuvent aussi être appelés à l'improviste pour différents exercices du service de secours.

Art. IX. — Les médecins et les pharmaciens de réserve reçoivent une certaine indemnité pour leur période d'engagement et, s'ils sont appelés en vertu des dispositions de l'article précédent, ils sont remboursés de leurs frais de voyage.

En cas de service de secours en temps de guerre ou de calamités publiques, il leur est délivré une feuille de nomination comme membres du personnel de secours et ils reçoivent un salaire déterminé à l'avance pendant lequel temps la rémunération prévue par le précédent alinéa est suspendue.

Art. X. — Les médecins et les pharmaciens de réserve désirant se rengager après l'expiration du terme fixé, sont admis en se conformant aux formalités de l'article VII jusqu'à ce qu'ils aient atteint l'âge de 55 ans pour le grade de médecin-chef et de 50 ans pour le grade de médecin et de pharmacien.

Art. XI. — En cas de guerre ou de calamités publiques, l'engagement des médecins et des pharmaciens de réserve peut se prolonger même après l'expiration du terme fixé ou l'arrivée de la limite d'âge.

Art. XII. — En cas d'inconduite des médecins ou des pharmaciens de réserve pendant leur période d'engagement, ils sont susceptibles de renvoi et même leurs noms peuvent être publiés ainsi que le motif de leur renvoi.

Art. XIII à XV. — (Sont relatifs aux cas de changements de domicile, de voyages, d'entrée au service du gouvernement, etc.).

Art. XVI. — Dès la nomination d'un médecin ou d'un pharmacien de réserve, ses noms, âge, domicile, etc., sont inscrits sur la liste rédigée selon la forme ci-annexée, et rectification est faite chaque fois qu'il y a lieu par la suite.

Art. XVII. — Chaque fois que la nomination d'un médecin ou d'un pharmacien de réserve est faite par une section locale, une copie de la liste rédigée selon la forme ci-annexée est adressée au Siège Central, où les rectifications sont faites, en cas de changement de domicile, ou autres conditions personnelles.

Art. XVIII. — Chaque fois qu'un médecin ou pharmacien de réserve dépendant d'une section locale arrive à la fin de son engagement, ou dans un cas quelconque de résiliation, ladite section doit adresser une demande écrite au Président de la Société qui lui renvoie ensuite le certificat de résiliation pour remettre au médecin ou au pharmacien.

Art. XIX. — Les médecins et les pharmaciens qui, au cours de la guerre de 1894-1895, ont rendu des services effectifs, sont admis directement, pourvu qu'ils soient d'une bonne constitution physique.

Art. XX. — Les pharmaciens de réserve admis étudient l'art des manipulations d'instruments chirurgieaux et des produits antiseptiques, en se servant de l'ouvrage composé par la Société dans ce but.

L'engagement de l'aiguiseur de réserve est réglé de la même manière. Le terme d'engagement est de cinq ans pendant lesquels il reçoit un traitement annuel variant de 6 à 20 *yen*.

L'assistant pharmacien de réserve est instruit par le Siège Central ou par la section locale pendant dix mois. Il est engagé pour dix ans, et reçoit un traitement annuel de 9 *yen*.

A la fin de l'année 1898, la Société comptait 125 médecins (dont 22 médecins-chefs) et 3 pharmaciens de réserve, engagés suivant les termes du règlement ci-dessus.

CHAPITRE XI.

Préparation du personnel : Infirmières.

§ 1. — Difficulté particulière de la tache.

Dans chaque contrée, le plus important des travaux confiés en temps de guerre à la Société de la Croix-Rouge est le service de secours dans les hôpitaux de réserve de l'intérieur. C'est ce service qui est le plus propre au secours volontaire et c'est précisément là que le service de santé de l'armée compte le plus sur l'assistance de la Société. Dans ces hôpitaux sont traités tous les cas sérieux de maladies et de blessures nécessitant un traitement long et minutieux, et il ne fait de doute pour personne que, dans ces conditions, l'emploi des bonnes infirmières est de toute utilité. C'est pourquoi posséder, pour la Société, un grand nombre d'infirmières bien instruites, est le point le plus important pour la préparation du service en temps de guerre.

Les conditions requises sont de trois sortes : il nous faut des infirmières en *nombre suffisant*, il nous les faut *bien instruites*, il nous les faut *bonnes* au point de vue moral. Par bonnes, nous voulons dire que nous ne voulons pas des infirmières prodiguant leurs soins aux malades purement et simplement par devoir professionnel, mais aussi pour accomplir leur devoir moral. C'est actuellement sous ce dernier rapport que se rencontre la plus grande difficulté.

Afin de se faire une idée exacte de la valeur de la Société de la Croix-Rouge du Japon en ce qui concerne la préparation des infirmières, il est nécessaire de voir la situation particulièrement difficile dans laquelle elle se trouve placée à propos de cette question. Dans les autres pays, il existe des sœurs de charité qui montrent l'exemple aux infirmières dont elles sont les modèles et auxquelles elles communiquent les idées de la charité chrétienne. Mais au Japon, il n'existe que peu de sœurs de charité, et même en existerait-il davantage qu'il n'entre pas dans les intentions de la Société de la Croix-Rouge de les utiliser. Comme on l'a expliqué au début de cet Exposé, le but de la Société a pour fondement l'idée de « Dette à la patrie et de secours aux soldats ». Il s'ensuit qu'essayer d'introduire quelques autres idées cependant bonnes dans l'œuvre qu'elle entreprend, c'eût été compromettre son succès. Nous estimons la charité, nous estimons les sœurs, mais ce n'est pas sur le principe de charité chrétienne que nous avons bâti l'édifice de la grande œuvre du service de secours en temps de guerre.

Principalement aujourd'hui au Japon, avoir un idéal moral élevé de nos infirmières est une chose indispensable pour le succès de notre œuvre et cela pour la raison suivante : Dans ce pays d'Extrême-Orient, au point de vue de la relation des sexes, les mœurs sont complètement différentes de celles des pays occidentaux. D'après les mœurs japonaises, une femme approchant et soignant un homme, en dehors de la famille, est une chose inconcevable. La guerre et l'état militaire donnent encore une idée plus frappante de la chose ; en effet, la guerre est une chose à laquelle le sexe féminin ne doit jamais être mêlé, et les soldats sont pour ainsi dire les derniers des hommes près desquels les femmes devraient pouvoir approcher. Mais à l'intérieur des hôpitaux, ces barrières qui séparent les sexes semblaient devoir être brisées, parce qu'il a été reconnu indispensable que ce soit la main délicate d'une femme qui soignât les malades et les blessés pour qu'ils soient traités avec soin. Eh bien ! quelle devait être la conséquence de ce phénomène social absolument nouveau ? D'abord, aucune femme d'une certaine position sociale ne pouvait, jusque-là, se faire infirmière sans voir sa réputation perdue. Il n'y avait donc que les filles des familles de basses conditions et des classes illettrées à pouvoir devenir infirmières. C'était dans ce fait que le danger existait.

La seule façon de sortir de cette difficulté était de montrer le haut idéal moral qu'il y a à être infirmière et à encourager ensuite les filles des grandes familles à le devenir. Il était donc nécessaire de faire comprendre au public que c'est le sentiment d'un cœur noble et patriote que de secourir les soldats blessés et malades, et que rien n'est aussi honorant pour son sexe que de voir une femme participer à cette noble tâche. Pour que cet idéal devînt une réalité, il était nécessaire de voir les dames de haute position se faire, les premières, infirmières.

Ce fut le grand mérite du président, comte Sano, d'avoir édifié ce haut idéal moral, et ce fut également le mérite du Comité des Dames d'avoir donné l'exemple en mettant l'idée à exécution. Les travaux du Comité des Dames ont été déjà exposés. Pour les autres matières se rapportant à la Société, le comte Sano les confia aux soins de certains comités et de certains fonctionnaires, mais cette œuvre d'édification morale des infirmières, il la prit lui-même entre ses propres mains et voulut la mener seul jusqu'au bout. Sa méthode consiste à répéter sans cesse aux élèves-infirmières le sentiment élevé qu'elles doivent avoir de leur devoir, toutes les fois qu'elles ont l'occasion de le faire, quand, par exemple, elles sont admises à faire partie de l'institution, quand elles sont envoyées pour accomplir une œuvre importante de secours, quand elles sont gradées, etc. Grâce à ses efforts incessants et aux conseils du Comité des Dames, le but poursuivi a entièrement réussi. Tous ceux qui viennent au Japon apprennent vite qu'il existe, au sein de la Société de la Croix-Rouge, une classe spéciale de femmes qui, confiantes dans le sentiment élevé de leur devoir, se dévouent à l'œuvre si noble de soigner les malades et les blessés et qui sont respectées du monde entier et jouissent d'une réputation toute différente des infirmières d'hôpitaux n'appartenant pas à notre Société.

Au cours de la guerre avec la Chine, notre autorité militaire a, pour la première fois, fait l'expérience d'employer les infirmières de la Société dans les hôpitaux de réserve; le résultat a entièrement réussi, et plusieurs ont été décorées par l'Etat en reconnaissance des services rendus.

§ 2. — Instruction des infirmières dans l'hôpital de la Société et Comité d'enseignement.

Comme il a été dit au chapitre relatif à l'hôpital de la Société, l'un des principaux objets de cet établissement consiste dans l'instruction des infirmières. Les élèves-infirmières vivent là, y reçoivent leurs leçons et s'exercent à la pratique de leur art.

Afin d'établir une union intime et constante entre le Comité des Dames et l'instruction des infirmières dans l'hôpital, un comité spécial, appelé Comité d'Instruction des Infirmières, est institué; il est composé des instructeurs et des membres du Comité des Dames. La princesse Sanjo, femme de feu le Grand Chambellan, et le médecin-inspecteur Adati, furent nommés présidents, la marquise Nabeshima, femme du Grand-Maître des Cérémonies, vice-présidente, et la baronne Hanabusa, la baronne Kiyo-oka et la doyenne des infirmières, Madame Takayama, membres du Comité. C'est ce Comité qui examine les élèves-infirmières et leur sert de guide moral; toutes les questions de discipline et de conduite personnelle sont décidées par ce Comité; les questions purement techniques sont confiées à certains instructeurs, choisis parmi les docteurs-médecins de l'hôpital.

§ 3. — Règlement sur l'instruction des infirmières dans l'hôpital.

Après avoir essayé différents systèmes et utilisé toutes les expériences de la dernière guerre, l'enseignement des infirmières à l'hôpital est réglé ainsi :

Règlement concernant les infirmières de réserve au Siège Central de la Société.

(Révisé en août 1898).

Article premier. — La Société de la Croix-Rouge du Japon s'assure le concours d'infirmières de réserve, pour les nécessités du temps de guerre ou les cas de calamités publiques.

Art. II. — Les infirmières de réserve doivent, pendant une durée de 15 ans, prendre part au service de secours en répondant à l'appel de la Société en temps de guerre ou en cas de calamités publiques.

Art. III. — A l'intérieur de l'hôpital de la Société, une institution est établie pour admettre les candidats et les instruire en qualité d'élèves-infirmières.

Art. IV. — Les candidats élèves-infirmières doivent remplir les conditions suivantes :

1° Avoir au moins 18 ans et moins de 30, être célibataires et exemptes du soin du ménage pendant les années d'instruction ;

2° Avoir une taille d'au moins 4 *shaku* 6 *sun* ;

3° Etre d'une constitution robuste et d'un bon caractère ;

4° Avoir un passé irréprochable ;

5° Etre pourvu du brevet de l'école primaire supérieure ou avoir reçu une instruction équivalente ;

6° Avoir comme garantie deux personnes, domiciliées à Tokio, jouissant de leurs droits communaux.

Art. V. — Bien que, seules, soient admises les élèves qui ne sont pas mariées, cependant elles peuvent se marier, lorsqu'elles ont terminé complètement leurs études.

Art. VI. — Les candidats doivent produire une demande écrite ainsi que le dossier de leurs études, dans la forme ci-annexée.

Art. VII. — Au mois de janvier et de septembre de chaque année, les candidats, remplissant toutes les conditions exigées, sont admises comme élèves-infirmières. Elles reçoivent alors 5 *yen* par mois et s'engagent à servir dans l'hôpital pendant deux mois ou plus, afin de mettre leur caractère moral et leur conduite à l'épreuve.

Art. VIII. — Les élèves-candidats sont examinées chaque année au mois d'avril et d'octobre et admises définitivement comme élèves suivant l'ordre de mérite. Celles qui, deux fois, ont passé un mauvais examen, ne peuvent plus être candidats.

Art. IX. — L'examen comporte quatre compositions : lecture, rédaction d'une lettre, composition, arithmétique.

Art. X. — Le candidat admis définitivement comme élève doit produire, selon la forme ci-annexée, deux engagements écrits signés de ses garanties, l'un déclarant qu'il s'engage à observer strictement les règles de l'institution, et l'autre qu'il s'engage à remplir exactement ses devoirs envers la Société. Ceci fait, il est inscrit sur la liste des élèves.

Art. XI. — La durée des études est de 3 années qui sont divisées en 2 périodes de 18 mois chacune. Pendant la première période, des études techniques forment l'objet principal, le service pratique n'étant qu'accessoire, tandis que le programme de la seconde période consiste dans le service pratique et les expériences servant à mettre en application les études techniques faites pendant la période précédente.

Art. XII. — Chaque période est divisée en trois semestres, et les sujets d'études de chacun d'entre eux sont déterminés dans le programme d'études.

Art. XIII. — A la fin de chaque semestre, un examen est passé et, à la fin de la première période, un examen sur l'ensemble des études techniques.

Art. XIV. — Aux élèves qui ont passé l'examen technique et terminé leur seconde période est accordé le diplôme d'infirmière et une feuille de nomination selon la forme ci-annexée. Elles sont alors inscrites sur la liste des infirmières de réserve et numérotées suivant la date de leur diplôme.

Art. XV. — Les élèves peuvent recevoir de la Société 7 *yen* par mois pour les défrayer de leurs dépenses, excepté de celles des instruments et choses employées pour l'enseignement technique, de la tunique et de la capote fixés pour eux par le règlement.

Art. XVI. — Si une élève se trouve empêchée de continuer le cours de ses études pour une raison de maladie ou autre, elle peut demander à les recommencer si l'empêchement survient au cours de la première période ou à prolonger le service pratique si l'empêchement survient au cours de la seconde.

Art. XVII. — Les élèves ne sont pas autorisées à quitter l'institution pour des raisons personnelles avant la fin de leurs études. En cas d'inconduite, paresse, etc., qui rendent impossible le but qu'elles poursuivent, elles sont renvoyées et doivent faire parvenir à la Société la somme qu'elles en avaient reçue ; cette restitution n'a pas lieu, ordinairement, quand elles sont obligées d'abandonner leurs études pour cause de maladie.

Art. XVIII. — Pendant leurs études, les élèves ne peuvent pas manquer les cours, sauf pour les cas de grave maladie ou de mort de leurs parents ; dans ces cas, il leur est permis d'aller dans leurs familles pour un nombre de jours ne devant pas excéder deux semaines, non compris les jours de voyage et, si elles sont munies des signatures des deux garanties et du certificat des médecins, déclarant la réalité du fait motivant leur déplacement.

Art. XIX. — En cas de maladie, les élèves seront soignées par l'hôpital ; la Société paiera les dépenses, sauf celles de nourriture qui restent à la charge des élèves Si leur traitement exige un changement d'air, un temps de repos ne dépassant pas quatre semaines, sans compter les jours de voyage, sera accordé sur certificat de médecin. Toutes dépenses seront, dans ce cas, aux frais des élèves.

Art. XX. — En cas de maladie ou de blessures survenues pendant le service, toutes les dépenses exigées pour le traitement sont couvertes par la Société ; dans ce cas, un certificat attestant la blessure ou la maladie est fourni par l'instructeur ou le médecin.

Art. XXI. — Les élèves désirant continuer dans le service de l'hôpital, après être diplômées, seront autorisées à le faire, suivant les circonstances, et la solde payée à elles proportionnellement à leurs capacités.

Art. XXII. — Quand les infirmières de réserve seront employées pour le service de secours en temps de guerre ou de calamités publiques, il leur sera délivré une feuille de nomination comme membres du personnel de secours et elles seront payées d'après les prix déterminés.

Art. XXIII. — Les infirmières de réserve seront appelées chaque année par la Société pour une période d'instruction ne dépassant pas deux semaines ou pour une revue d'appel. Elles pourront également être appelées à l'improviste pour des manœuvres du service de secours et, dans ce cas, les dépenses de voyage leur seront remboursées.

Art. XXIV. — Les infirmières de réserve, coupables d'inconduite pendant la durée de leur engagement, auront leurs noms rayés de la liste ; leurs diplômes d'infirmières et leurs feuilles de nominations leur seront retirés, et le motif de leur renvoi publié, s'il y a lieu.

Art. XXV, XXVI, XXVII et XXX. — (Sont relatifs au changement de domicile des infirmières de réserve ou de leurs garanties, à leur entrée au service du gouvernement, à leurs voyages à l'extérieur, etc.).

Art. XXVIII. — Les infirmières de réserve qui, à l'expiration des quinze années de service, désireront continuer leur engagement, seront admises à le faire après avoir subi un nouvel examen de constitution physique et adressé une nouvelle demande écrite de réengagement, dans les formes ci-annexées; elles seront alors admises à continuer leurs services jusqu'à ce qu'elles aient atteint l'âge de 50 ans.

Art. XXIX. — En cas de guerre ou de calamités publiques, le terme de l'engagement pourra être prolongé, même si les quinze années de service sont terminées ou si la limite d'âge est atteinte.

Art. XXXI — Aux infirmières modèles envoyées des sections locales, s'appliquent l'article II concernant le terme de l'engagement et les autres articles concernant l'instruction à donner dans l'hôpital ; mais, les études une fois terminées, ce sont les règlements concernant les infirmières de réserve des sections locales qui s'appliquent à elles.

A la fin de l'année 1898, le Siège Central de la Société avait 195 élèves infirmières, dont 90 obtinrent le diplôme.

§ 4. — Infirmières fournies par les sections locales.

L'expérience de la dernière guerre a démontré qu'il était nécessaire d'avoir des infirmières également dans les départements, spécialement dans ceux où des hôpitaux de réserve seraient ouverts en temps de guerre. Dans les autres départements, les infirmières sont aussi toujours nécessaires dans les cas de calamités publiques. Mais la question financière et économique et diverses autres considérations nous ont décidés à rendre l'enseignement plus simple pour les sections locales que pour le Siège Central. Nous avons donc adopté pour l'instant les deux systèmes suivants :

Tout d'abord, chaque section locale a la faculté d'envoyer à Tokio des élèves-infirmières pour leur faire suivre l'enseignement donné à l'hôpital de la Société. Ces infirmières sont appelées « infirmières normales » parce qu'elles servent de modèles quand elles retournent chez elles, dans leurs départements respectifs. A la fin de 1898, il existait 136 infirmières normales, dont 6 diplômées et 130 en cours d'études.

En second lieu, chaque section locale peut confier l'instruction de ses infirmières aux hôpitaux locaux publics ou privés suivant les règlements concernant les infirmières de réserve des sections locales.

Ce règlement diffère de celui des infirmières du Siège Central seulement sur les points suivants :

1° La durée de l'engagement pendant lequel les infirmières de réserve sont obligées de répondre à l'appel des sections locales est de 10 ans au lieu de 15 ;

2° Elles n'ont pas à se soumettre à l'épreuve d'une durée de deux mois, comme dans le précédent règlement;

3° L'instruction des infirmières de réserve des sections locales est confiée aux hôpitaux publics ou privés ou à des médecins de réserve de la Société. Il n'y a donc pas d'institution spéciale;

4° On n'exige qu'une seule garantie au lieu de deux;

5° Les postulantes sont examinées et admises une seule fois par an au lieu de deux;

6° La durée des études est de 2 ans au lieu de 3; la première année est consacrée à l'enseignement technique; la deuxième, à l'enseignement pratique;

7° Le programme d'études est établi par le Siège Central et non par les sections locales;

8° Les infirmières instruites à l'improviste et employées au service de secours pendant la dernière guerre sont admises comme élèves-infirmières sans examen préalable.

A la fin de l'année 1898, il y avait 760 infirmières de réserve dans les différentes sections locales du Japon; 313 sont diplômées, sans compter les 136 infirmières normales instruites à l'hôpital de la Société.

§ 5. — Bureau pour le service extérieur des infirmières.

Un grand nombre de demandes parviennent à la Société pour obtenir des infirmières, qui aillent soigner les malades riches soit dans les hôpitaux publics ou privés, soit chez eux, et moyennant salaire. Ces demandes nombreuses proviennent surtout de ce que nos infirmières sont bien instruites et d'une conduite irréprochable. Mais la Société n'est pas sans voir là quelque danger; si elle laisse partir ses infirmières, peut-être perdront-elles le respect et la dignité qui sont l'essentiel de leur position sociale et le haut idéal de leur profession.

C'est pourquoi, en 1898, un bureau pour le service extérieur, c'est-à-dire pour le service hors de l'hôpital, fut institué au sein de la Société. Il a pour but :

1° D'organiser un service de demandes provenant des familles ou des hôpitaux publics ou privés, en vue de rendre les infirmières de réserve de plus en plus habiles dans leur art;

2° De fournir à l'hôpital de la Société des infirmières, s'il en est besoin;

3° De guider les infirmières de réserve de la Société et des sections locales qui ont l'intention de devenir des infirmières de profession.

Toutes les demandes concernant les infirmières de réserve de la Société de la Croix-Rouge doivent être faites à ce bureau qui n'accède aux demandes formulées que si celles-ci remplissent les conditions voulues pour la dignité de la Société.

CHAPITRE XII.

Préparation du personnel : Infirmiers et transporteurs.

§ I. — Instruction des infirmiers de la Société dans les hôpitaux des divisions de l'armée.

Une institution dont s'enorgueillit la Société du Japon, c'est d'avoir des élèves-infirmiers instruits pour le service pratique dans les hôpitaux mêmes de l'armée. En temps de guerre, les infirmiers sont envoyés en avant ; ils ont pour mission d'aider le service de secours sous la direction des médecins militaires et sont considérés comme faisant partie du personnel des hôpitaux militaires. Deux choses sont donc nécessaires : 1° qu'ils soient instruits à manier convenablement les soldats blessés, et 2° qu'ils sachent se soumettre à la discipline militaire. Pour remplir ces conditions, l'enseignement donné à l'hôpital de la Société ou dans les hôpitaux civils des départements n'est pas suffisant. Les autorités militaires et la Société s'entendirent donc au sujet de l'enseignement à donner aux infirmiers et le système qui existe actuellement fut établi. Il consiste à diviser l'enseignement en deux périodes de cinq mois chacune : pendant la première, une instruction théorique est donnée à l'hôpital de la Société ou sous la direction d'instructeurs dans les départements ; pendant la seconde, une instruction pratique est donnée dans les hôpitaux militaires en même temps que celle qui est donnée aux infirmiers de l'armée.

Ce système fut autorisé par le Ministre de la Guerre, à la date du 31 mars 1898, sous les conditions suivantes :

1° Dans chaque hôpital militaire dépendant d'une division, 20 infirmiers au plus (pour la division de Sapporo, 5 seulement) et pour chaque hôpital militaire dépendant d'un régiment d'infanterie, 5 infirmiers au plus de la Société seront admis pour être instruits pendant une durée de cinq mois ;

2° Le nombre et le choix des infirmiers qui devront être envoyés dans chaque hôpital seront déterminés par le commandant de division compétent ;

3° Les infirmiers ainsi envoyés dans les hôpitaux militaires devront non seulement observer tous les règlements de l'hôpital, mais seront aussi soumis au service de l'hôpital pour l'instruction pratique ;

4° Les récompenses personnelles accordées aux infirmiers, les dépenses spéciales nécessitées pour leur enseignement, ainsi que les indemnités pour maladies ou blessures occasionnées par leur service pratique, ne regardent aucunement l'armée ;

5° Les infirmiers coupables de mauvaise conduite ou trouvés incapables du service d'hôpital, seront renvoyés.

Dans les départements, l'enseignement théorique des cinq premiers mois peut aussi être confié aux médecins militaires, mais c'est là une question d'arrangement personnel entre les officiers et les sections locales, l'autorité militaire n'ayant pas à y intervenir.

§ 2. — Règlement concernant les infirmiers de réserve.

L'engagement entre les infirmiers ainsi instruits et la Société est réglé de la façon suivante :

Règlement concernant les infirmiers de réserve de la Société.

(Révisé en août 1898).

Article premier. — La Société de la Croix-Rouge du Japon s'assure le concours d'infirmiers de réserve pour le service de secours en temps de guerre ou les cas de calamités publiques.

Art. II. — Les infirmiers de réserve doivent, pendant une durée de dix ans, prendre part au service de secours en temps de guerre ou de calamités publiques, en répondant à l'appel du Siège Central ou des sections locales.

Art. III. — Les candidats infirmiers de réserve sont recrutés au Siège Central de la Société ou dans les sections locales et instruits comme élèves-infirmiers.

Art. IV. — Les candidats doivent remplir les conditions suivantes :

1° Avoir au moins 20 ans et moins de 30, et être libéré du service militaire ;

2° Avoir une taille d'au moins 5 pieds ;

3° Avoir une constitution robuste et un bon caractère ;

4° Avoir un passé irréprochable ;

5° Avoir comme garantie une personne jouissant de ses droits communaux.

Art. V. — Les candidats doivent produire au Siège Central ou aux sections locales dont ils dépendent, une demande écrite ainsi que le dossier de leurs études, selon la forme ci-annexée.

Art. VI. — Les candidats sont examinés et admis dans un ordre de mérite et selon le nombre déterminé par une loi spéciale.

Art. VII. — L'examen comprend les matières suivantes :

1° Constitution physique ;

2° Conversation ;

3° Lecture (journal ou prose facile) ;

4° Composition (rédaction d'une lettre);

5° Dictée (prose facile) ;
6° Arithmétique.

Art. VIII. — L'infirmier admis comme élève doit produire, selon la forme ci-annexée, un engagement écrit, signé par sa garantie, après quoi il est inscrit sur la liste des infirmiers de réserve.

Art. IX. — La durée des études est fixée à 10 mois et divisée en deux périodes de 5 mois chacune. Pendant la première, un enseignement théorique est donné par les soins du Siège Central ou des sections locales et, pendant la deuxième, les élèves sont envoyés dans les hôpitaux militaires des garnisons pour faire du service pratique.

Art. X. — A la fin des études, une feuille de nomination est délivrée, selon la forme ci-annexée, à l'élève. Il est alors inscrit sur la liste des infirmiers de réserve du Siège Central ou des sections locales et immatriculé suivant sa note de sortie.

Art. XI. — Pendant la durée de leurs études, les élèves-infirmiers reçoivent un salaire variant de 15 à 20 *sen* par jour.

Art. XII. — Les élèves ne sont pas autorisés à résilier, pendant le cours de leurs études et pour des raisons personnelles, l'engagement qu'ils ont pris. Mais en cas d'inconduite, de paresse, etc., qui rendent impossible le but qu'ils poursuivent, ils sont renvoyés et doivent faire parvenir à la Société la somme qu'ils en avaient reçue; cette restitution n'a pas lieu, ordinairement, quand ils sont obligés d'abandonner leurs études pour cause de maladie.

Art. XIII. — Pendant leurs études, les élèves ne peuvent pas manquer les cours, sauf pour les cas de grave maladie ou de mort de leurs parents ; dans ces cas, il leur est permis d'aller dans leurs familles pour un nombre de jours ne devant pas excéder deux semaines, non compris les jours de voyage, et s'ils sont munis de la signature de leur garantie et du certificat des médecins déclarant la réalité du fait motivant leur déplacement.

Art. XIV. — En cas de maladie, les élèves seront soignés par l'hôpital ou par le médecin désigné par le Siège Central ou par les sections locales ; la Société paiera les dépenses, sauf celles de nourriture qui restent à la charge des élèves. Si leur traitement exige un changement d'air, un temps de repos ne dépassant pas quatre semaines, sans compter les jours de voyage, sera accordé sur certificat du médecin. Toutes dépenses seront, dans ce cas, aux frais des élèves.

Art. XV. — En cas de maladie ou de blessure survenues pendant le service, toutes les dépenses exigées pour le traitement sont couvertes par la

Société; dans ce cas, un certificat attestant la blessure ou la maladie est fourni par l'instructeur ou le médecin.

Art. XVI. — Pendant toute la durée de l'engagement, l'infirmier de réserve sera payé à raison de 6 *yen* par an. Mais le paiement sera suspendu, s'il n'a pas répondu à l'appel sans raison suffisante.

Art. XVII. — Quand les infirmiers de réserve seront employés pour le service de secours en temps de guerre ou de calamités publiques, il leur sera délivré une feuille de nomination comme membre du personnel de secours et ils recevront un salaire déterminé à l'avance, pendant lequel temps le payement établi par l'article XVI sera suspendu.

Art. XVIII. — Les infirmiers de réserve seront appelés chaque année par le Siège Central ou les sections locales dont ils dépendent pour une période d'instruction ne dépassant pas deux semaines ou pour une revue d'appel. Ils pourront également être appelés à l'improviste pour des manœuvres du service de secours et, dans ce cas, les dépenses nécessitées pour leur voyage leur seront remboursées.

Art. XIX. — Les infirmiers de réserve, coupables d'inconduite pendant la durée de leur engagement, auront leurs noms rayés de la liste ; leurs feuilles de nomination leur seront retirées et le motif de leur renvoi publié, s'il y a lieu.

Art. XX-XXII et XXVI. — (Sont relatifs au changement de domicile des infirmiers de réserve, ou de leurs garanties, à leur entrée au service du gouvernement, à leurs voyages à l'extérieur, etc.).

Art. XXIII. — Le personnel chargé de l'instruction des infirmiers de réserve sera nommé par le Président ou par les chefs des sections locales avec l'approbation du Président.

Art. XXIV. — Les infirmiers de réserve qui, à l'expiration des dix années de service, désireront continuer leur engagement, seront admis à le faire après avoir subi un nouvel examen de constitution physique et adressé une nouvelle demande écrite de rengagement, dans les formes ci-annexées; ils seront alors admis à continuer leurs services jusqu'à ce qu'ils aient atteint l'âge de 45 ans.

Art. XXV. — En cas de guerre ou de calamités publiques, le terme de l'engagement pourra être prolongé, même si les dix années de services sont terminées ou si la limite d'âge est atteinte.

Art. XXVII. — Chaque fois qu'un élève-infirmier est admis par une section locale, une copie de son immatriculation est adressée au Siège Central selon la forme prescrite. Son obtention de diplôme (art. X), sa résiliation d'engagement (art. XII), sa nomination comme membre du personnel de secours (XVII), sa radiation de la liste (art. XIX), ses changements de domicile, etc. (art. XX, XXII), ainsi que son rengagement (art. XXIV et XXV) lui seront également adressés.

Art. XXVIII. — Ceux qui auront rendu des services effectifs à la Société en qualité d'infirmiers au cours de la guerre de 1894-95 seront admis comme élèves, même s'ils ne remplissent pas les conditions exigées par l'art. IV, et maintenus jusqu'à la limite d'âge de 45 ans; ils ne seront pas soumis non plus à l'examen prescrit par l'art. VI; ils devront seulement justifier d'une constitution physique robuste.

A la fin de l'année 1898, le Siège Central comptait 65 infirmiers dont 43 diplômés; les sections locales en comptaient 296, dont 148 diplômés ; ce qui fait un total de 361 infirmiers de réserve.

§ 3. — Moyen employé pour s'assurer le concours des transporteurs.

D'après le règlement pour le service en temps de guerre, la Société doit prévoir qu'elle aura besoin de deux colonnes de transports par division, c'est-à-dire de vingt-six pour toute l'armée. Une colonne, composée de 60 transporteurs, ne pouvant transporter que 20 blessés ou malades à la fois, il s'ensuit que la Société doit se munir de 1.560 transporteurs.

Mais comment? Le meilleur système serait certainement de pouvoir instruire chaque transporteur dans l'art de soigner les malades sur les chemins de transports. La Société trouva ce système impraticable, parce que, en dehors du service médical de l'armée, il n'y aurait aucune demande de cette profession et que personne, en temps de paix, ne se présenterait comme candidat et ne s'engagerait pour ce service. Elle préféra n'engager, en temps de paix, que les chefs transporteurs et les instruire dans les œuvres d'évacuation et de longs parcours sur de mauvais chemins. Quant aux transporteurs ordinaires, ils ne sont recrutés ou engagés, moyennant salaire, qu'au moment où éclate la guerre, et sont instruits à la hâte. Pour remédier à l'instruction médicale qui leur manque, un infirmier est attaché à chaque colonne.

CHAPITRE XIII.

Bateaux d'évacuation de la Société pour blessés et malades.

§ 1. — IMPORTANCE PARTICULIÈRE DES BATEAUX D'ÉVACUATION

Une des expériences les plus importantes, faites durant la guerre de 1894-1895, fut l'utilité que nous retirâmes des bateaux spéciaux destinés au transport des malades et des blessés. Le Japon étant une ile, quelle que soit la puissance ennemie, il faut toujours que l'évacuation de nos malades et de nos blessés ait lieu par mer. Les rôles multiples que jouent les trains sanitaires dans les guerres continentales de l'Europe depuis 1862, ce sont les navires qui doivent les jouer dans une guerre entre le Japon et une puissance continentale. Mais du moment où il y aura beaucoup de blessés et de malades à évacuer par mer, tous les bateaux disponibles appartenant à des compagnies privées seront précisément réquisitionnés par l'autorité militaire pour le transport des soldats et du matériel de guerre. Et même s'il est possible d'affréter quelques-uns de ces navires pour servir à l'évacuation, on n'y trouvera aucune commodité pour les malades; on ne sera même pas toujours certain d'avoir affaire à un bâtiment suffisamment hygiénique pour ne pas causer d'aggravation dans les blessures ou les maladies des patients, et même quelquefois la mort.

La première chose que la Société avait à faire était donc de se munir de bateaux accommodés spécialement pour les malades et dont la Société pourrait disposer à sa volonté en temps de guerre.

§ 2. — Procédé suivi pour se procurer des bateaux d'évacuation.

Mais s'il y avait là une grande utilité, il y avait aussi de grandes difficultés. D'abord, la construction de pareils bateaux était très coûteuse; ensuite, conserver pendant le temps de paix des bâtiments sans destination était quelque peu hasardeux. Il n' y a pas toujours des soldats malades ou blessés à transporter, et on ne peut pas non plus laisser de grands et coûteux bateaux attachés à l'ancre pendant toute la durée de la paix.

Aussitôt que la guerre fut terminée, la Société de la Croix-Rouge du Japon étudia quel serait le meilleur système à adopter pour ces bateaux. Nous trouvâmes que celui adopté par l'Association de secours des femmes de la Croix-Rouge de Trieste et Istrie, pour leurs secours sur mer, était celui qui se rapprochait le plus de notre idée [1]. Cependant, à plusieurs égards, ce projet ne nous satisfaisait pas entièrement.

[1] *Projet de règlement pour une ambulance maritime de l'Association de secours des femmes de la Croix-Rouge pour Trieste et l'Istrie.* — § 1. — Le Lloyd austro-hongrois mettra dans ce but, gratuitement, à la disposition de l'Association de secours des femmes de la Croix-Rouge pour Trieste et l'Istrie, un vapeur de moyenne grandeur, approprié au transport des passagers et équipé en vue de cet usage, tel qu'il en a été utilisé un sur les côtes de Dalmatie en 1881.

La place disponible doit permettre d'établir environ 106 lits de malades.

Ce navire n'est prêté à l'Association de secours des femmes de la Croix-Rouge pour Trieste et l'Istrie que sous les conditions connues et exclusivement pour le transport des malades (blessés), et des dommages-intérêts, stipulés par ce contrat, seront dus pour tout autre emploi du vapeur mis à la disposition de l'Association.

Finalement, le 21 janvier 1897, après des pourparlers longs et difficiles avec la compagnie Nippon Yusen Kaisha (compagnie de navigation du Japon, subventionnée par le gouvernement), le Conseil permanent de notre Société arrêta, au sujet des bateaux d'évacuation, les résolutions suivantes :

1° Construire, aux frais de la Société, deux bateaux spécialement aménagés pour le transport des malades et des blessés et qui puissent contenir au moins deux cents malades.

2° Le projet de construction sera étudié par une commission technique spéciale dont feront partie le Directeur du service médical de l'armée, le Directeur du service médical de la marine, un ingénieur de la marine, un ingénieur de Nippon Yusen Kaisha et des membres du Comité exécutif de la Société de la Croix-Rouge.

3° La Société de la Croix-Rouge chargera la Compagnie Nippon Yusen Kaisha de la construction de ses bateaux.

4° Les bateaux une fois construits seront vendus, à la Compagnie Nippon Yusen Kaisha, au prix de construction, et payés par versements partiels et sans intérêts, pendant vingt ans, à la condition toutefois que si la Société de la Croix-Rouge a besoin des bateaux pour son service de secours, la Compagnie devra les mettre aussitôt à sa disposition.

5° La Compagnie Nippon Yusen Kaisha aura la liberté de modifier, pendant qu'elle les aura à sa disposition, les bateaux-hôpitaux de la Société. Elle devra néanmoins les rendre à leur forme primitive au premier appel de la Société. En temps ordinaire, la Compagnie aura pour les livrer un délai de trente jours et, en cas de guerre, un délai de sept jours seulement.

6° Pendant toute la durée de l'affectation des bateaux

au service de secours, la Société de la Croix-Rouge paiera à la Compagnie Nippon Yusen Kaisha une indemnité égale au prix coûtant par tonne. Pour ce prix, le contrat entre la Compagnie Nippon Yusen Kaisha et le gouvernement japonais, concernant la location des bateaux de la Compagnie au Gouvernement, est valable.

7° Les frais de nourriture, etc..., du personnel de secours seront payés par la Société; les frais ordinaires de navigation, y compris le prix du charbon de terre, restent à la charge de la Compagnie, même pendant la durée de la location.

8° Pendant un délai de vingt ans, la Compagnie Nippon Yusen Kaisha prendra à sa charge toutes les responsabilités qui pourraient survenir : elle fera les réparations ou fournira des bateaux d'une construction absolument identique en cas d'avaries ou de pertes.

9° Au bout de vingt ans, la Société de la Croix-Rouge fera construire trois nouveaux bateaux avec le capital fourni par les payements partiels du Nippon Yusen Kaisha et l'intérêt qu'aura fourni ce capital.

Cette décision fut approuvée par l'autorité militaire, et, le 17 août 1897, le contrat fut signé.

§ 3. — *Hakuai-Maru* ET *Kosai-Maru*, BATEAUX-HÔPITAUX D'ÉVACUATION.

La Compagnie Nippon Yusen Kaisha commanda la construction de ces bateaux à Lobnick, à Clyde. Le prix de chacun d'eux fut estimé à 54.000 livres. Le travail de construction commença en décembre 1897 et fut terminé un an après. L'un est appelé *Hakuai*, nom donné en souvenir du premier nom de la Société, et qui signifie : *Amour sans borne*, et l'autre est appelé : *Kosaï*, c'est-à-dire *Bienfait sans cesse*.

Les particularités de ces deux bateaux sont les suivantes :

Tonnage total	2.774 tonnes
Tonnage enregistré..	1.267
Longueur	312 pieds.
Largeur.	39.2
Profondeur.........	18.7
Vitesse maxima.....	14 1/4 milles marins
Chevaux-vapeur.....	878

Les lits sont divisés par classes, comme suit :

1re classe	36
2e classe	12
3e classe	154
Lits pour maladies contagieuses...	6
Total......	208

En outre, les chambres et les compartiments de chaque bateau se répartissent comme il suit :

1. — Médecin-chef.........	1
2. — Médecins.............	2
3. — Pharmacien...	1
4. — Délégué et secrétaire..	1
5. — Chef infirmier et infirmières.....	4
6. — Officier de marine	1
7. — Signaliste............	1
8. — 1re classe des chambres de malades.........	11
9. — 2e classe des chambres de malades..........	3
10. — 3e classe des chambres de malades....... ..	2
11. — Chambre à maladies contagieuses.........	1
12. — Bureau médical	1
13. — Chambre d'opérations chirurgicales	1
14. — Chambre de consultation	1
15. — Pharmacie	1
16. — Chambre antiseptique.	1
17. — Chambre pour cadavres	1
18. — Dépôt de médicaments	1
19. — Chambre froide	1
20. — Chambre pour fabriquer de la glace.....	1

Le personnel du bord, c'est-à-dire les officiers, les mécaniciens et l'équipage, est fourni par la Compagnie Nippon Yusen Kaisha et se décompose ainsi :

Capitaine..............	1
Lieutenants de vaisseau.....	4
Chef-mécanicien............	1
Mécaniciens	3
Commissaire	1
Charpentier	1
Timoniers..................	4
Graisseurs.................	4
Matelots....................	18
Chauffeurs	24
Maitre d'hôtel..............	1
Cuisiniers et huissiers	12
Total....	74

La composition du personnel de santé, fourni par le Siège Central de la Société, a déjà été donnée dans l'art. X du réglement sur le service de secours en temps de guerre. (Chapitre IX, § 4).

§ 4. — Proposition du Gouvernement japonais a la Conférence de la Paix.

Le bateau étant ainsi équipé par la Société de la Croix-Rouge pour l'évacuation des malades et des blessés, on se demande quel sera son caractère juridique en temps de guerre. Devra-t-il être traité selon le principe de neutralité, oui ou non ? C'est un navire, mais un navire privé d'un État belligérant venant en aide à son armée dans le travail d'évacuation qui, lui-même, est une action belligérante. Par conséquent, le navire est, à ce point de vue, exposé à être capturé par l'ennemi. Dans l'acte additionnel de la Convention de Genève de 1864, il y a l'art. XIII qui dit : « Les navires hospitaliers, équipés aux frais des sociétés de secours reconnues par les gouvernements signataires de cette convention seront considérés comme neutres ainsi que tout leur personnel... » Mais dans l'ensemble des articles additionnels de 1868, il s'agit de l'application de la Convention de Genève de 1864 aux guerres maritimes, tandis que l'objet que la Société de la Croix-Rouge du Japon envisage en équipant les deux bateaux n'est pas la guerre maritime, mais simplement l'évacuation par mer des blessés et des malades de l'armée de terre dans la guerre continentale.

Dans le cas d'une guerre du Japon avec un pays d'outre-mer, les navires, pour secourir les malades et les blessés, joueraient exactement le même rôle que les wagons sanitaires dans les guerres des pays du continent européen ; d'où il suit que les navires de secours appartenant à la Société japonaise de la Croix-Rouge auraient tout à fait le même caractère que les wagons de secours possédés par les Sociétés de la Croix-Rouge en Europe. Dans ces conditions, ces navires jouiraient-ils des mêmes droits juridiques et de la même inviolabilité que les wagons de secours? Ou, pour parler plus exactement, pourrait-on considérer les navires de secours de la Société japonaise de la Croix-Rouge comme étant compris dans les « évacuations avec le personnel qui les dirige », dont il est fait mention au dernier alinéa de l'art. 6 de la Convention de Genève?

Le gouvernement japonais, désirant éclaircir ce point, a profité de l'occasion de la Conférence de la Paix pour donner mission à ses délégués de proposer de rendre neutres les bateaux-hôpitaux qui, sur mer, transporteraient les blessés et les malades de l'armée de terre. Cette proposition fut adoptée par la Conférence et la déclaration suivante, faite par M. Motono, fut prise par le protocole final, le 20 juin 1899 :

« Dans la séance du 30 mai 1899 de la 1re Sous-Commission de la 2e Commission, j'ai eu l'honneur, au nom de la délégation du Japon, d'appeler l'attention de la Sous-Commission sur une lacune qui nous semblait exister tant dans les dispositions de la Convention de Genève de 1864, que dans celles des articles additionnels de 1868.

Les blessés et les malades de l'armée de terre ainsi que les hôpitaux, les ambulances et les évacuations sont protégés par la Convention de Genève.

Les articles additionnels de 1868 avaient en vue de protéger dans une certaine mesure les bâtiments hospitaliers, leur personnel ainsi que les blessés, les malades et les naufragés se trouvant sur ces bâtiments ; mais ces dispositions ne semblaient s'appliquer, d'après leur teneur générale, qu'aux victimes de la guerre maritime.

Le gouvernement impérial du Japon pense qu'il serait nécessaire, dans l'intérêt de l'humanité, d'étendre aux bâtiments hospitaliers, chargés du transport par mer des blessés et des malades de l'armée de terre la protection accordée par la Convention de Genève aux hôpitaux militaires, ambulances et évacuations.

C'est à cet effet que j'ai eu l'honneur, d'après les instructions de notre gouvernement, d'exprimer, dans la séance du 30 mai de la 1re Sous-Commission de la 2e Commission, le désir de voir insérée dans le présent projet une disposition adéquate.

La 1re Sous-Commission de la 2e Commission a décidé dans la même séance de tenir compte de notre désir, et M. Renault dans son remarquable rapport, qui vient de vous être présenté sur les travaux de la 2e Commission, a fait ressortir en ces termes la portée de l'innovation introduite dans le présent projet :

« Dans les dispositions que la Commission soumet à la Conférence, il est parlé des blessés, malades et naufragés, non des victimes de la guerre maritime. Cette dernière expression, vraie dans la plupart des cas, ne le serait pas toujours et doit pour ce motif être écartée. Les règles prévues s'appliquent du moment qu'il y a des blessés et des malades à bord des bâtiments de mer, sans qu'il y ait à rechercher si c'est en mer ou sur terre que la blessure a été faite ou que la maladie s'est déclarée. Par conséquent, si un bâtiment est affecté au transport par mer de blessés ou de malades de l'armée de terre, ce bâtiment, ces blessés et ces malades seront régis par les dispositions de notre projet. A l'inverse, il est bien évident que, si des marins blessés ou malades sont débarqués et placés dans une ambulance ou dans un hôpital, la Convention de Genève s'appliquera pleinement en ce qui la concerne.

Cette remarque nous parait suffire pour donner satisfaction aux observations présentées dans les Sous-Commissions et nous ne croyons nullement nécessaire d'insérer une disposition spéciale à ce sujet.

Ces observations du rapport de la 2e Commission donnent pleine satisfaction au désir exprimé par le gouvernement impérial du Japon.

En conséquence, et pour éviter tout malentendu dans l'avenir, quant à l'interprétation des deux textes du présent projet relativement au point sus-mentionné, j'ai l'honneur de vous demander, au nom de la délégation du Japon, que le passage du rapport précité soit inséré au protocole de la Conférence de la Paix. »

CHAPITRE XIV.

Préparation du matériel de la Société.

§ 1. — Principes suivis en ce qui concerne la préparation du matériel.

Notre exposé sur les préparatifs faits par la Société de la Croix-Rouge du Japon en temps de guerre ne serait pas complet, si nous ne parlions pas du matériel. Ici, il est vrai, la Société a fait peu de chose, et l'objet de ce chapitre est précisément de montrer pourquoi nous avons peu fait, étant d'avis qu'il est plus sage de faire peu tant que les situations ne changent pas.

Le premier principe que suit notre Société et que les sociétés de tous les pays doivent suivre en ce qui concerne le matériel est de se pourvoir d'un matériel absolument semblable à celui en usage dans l'armée.

Ce principe est important pour diverses raisons :

D'abord, si le matériel de notre Société est inférieur à celui employé actuellement dans l'armée, les malades et les blessés confiés aux soins de la Société se trouveront dans une condition inférieure à ceux qui sont soignés dans les hôpitaux militaires. Mais de tels cas sont rares ; dans les sociétés de la Croix-Rouge de tous les pays, nous voyons, au contraire, que neuf fois sur dix, le matériel est d'une qualité supérieure à celui de l'armée. Mais rien n'est plus préjudiciable que cela : le service de secours de la Société étant, en effet, de venir en aide au service de santé de l'armée, il arrive ceci, c'est que les malades confiés aux soins de notre Société sont mieux traités que ceux qui se trouvent dans les hôpitaux militaires, et que les soldats demandent toujours à être envoyés dans les établissements de la Croix-Rouge et manifestent leur mécontentement quand ils sont envoyés dans les hôpitaux militaires. Il s'ensuit une sorte de jalousie entre les médecins militaires et les médecins de la Société, qui empêche le service de santé de l'armée de se servir comme il pourrait le faire du personnel et du matériel de la Société. Telle fut l'expérience qui ressortit de la dernière guerre et que le baron Ishiguro, Directeur du service de santé de l'armée, n'a jamais cessé de démontrer à la Société.

En second lieu, la partie technique du traitement des malades et des blessés doit toujours être faite absolument de la même façon que par le service de santé de l'armée. Souvent des ordres seront donnés par les médecins militaires de traiter des malades particuliers de façons spéciales. Dans tous ces cas, l'inconvénient sera grand si le matériel sanitaire de la Société n'est pas le même que celui de l'armée.

En troisième lieu, il arrivera souvent que le matériel de la Société devra être transporté par les soins de l'armée, et l'on sait que le matériel de l'armée doit avoir des dimensions et des poids déterminés. Si donc celui de la Société n'a pas identiquement les mêmes dimensions, ni les mêmes poids, il en résultera un grand inconvénient en cas de guerre.

Pour ces raisons, la Société de la Croix-Rouge a adopté comme principe que le matériel dont elle disposerait serait le même que celui de l'armée. C'est d'ailleurs ce que le Directeur du service de santé de l'armée recommande, en sa qualité de contrôleur de la Société.

Mais, à la suite des expériences de la dernière guerre, l'armée a décidé d'étudier à nouveau le matériel qu'il serait utile d'adopter. Actuellement elle procède à la transformation de son matériel. La Société ne voulant pas, ce qui serait très coûteux, se voir obligée peut-être de changer son matériel si elle en adoptait un en ce moment, attend que l'armée ait terminé ses études pour se munir à son tour. Nous croyons ainsi agir avec beaucoup de sagesse et c'est la seule raison pour laquelle nous avons peu fait, comme je le disais tout à l'heure, en ce qui concerne le matériel.

On pourrait donner également une raison secondaire. C'est qu'il est relativement facile de se procurer du matériel dans un très bref délai, en cas de nécessité; le personnel, au contraire, pour être convenablement instruit, a besoin d'un certain temps; il est donc très naturel qu'on s'occupe d'abord du personnel et que la question du matériel ne vienne qu'ensuite. D'un autre côté, une grande partie du matériel ne peut se conserver en bon état que très difficilement et avec beaucoup de dépenses; pour les choses qu'on peut facilement se procurer, il est donc beaucoup plus sage de ne pas s'en embarrasser.

§ 2. — Matériel actuellement en possession de la Société.

Pour les raisons qui viennent d'être exposées, le matériel que la Société possède actuellement n'est pas un matériel en vue d'une guerre future; il consiste :

1° En matériel provenant du service de secours des guerres passées;

2° En matériel destiné à l'hôpital de la Société;

3° En matériel nécessaire pour le service de secours en cas de calamités publiques ou pour l'instruction du personnel en temps de manœuvres, etc.;

4° En objets devant servir de plans ou de modèles pour la création d'un matériel convenable, ou pour montrer au public dans un but de vulgarisation des œuvres de la Croix-Rouge.

Nous pourrions énumérer ici tout ce qui fait déjà partie du matériel de la Société; mais nous l'omettons volontairement, cette question ayant peu d'importance pour notre travail.

§ 3. — Emploi extensif de la paille de riz et du bambou.

Il sera très intéressant ici de dire quelques mots de la paille de riz et du bambou dont la Société japonaise de la Croix-Rouge a fait grand emploi.

Le Japon étant une contrée où l'on cultive beaucoup le riz, on trouve partout en abondance la paille de riz. Il en est de même pour le bambou. En utilisant ce bambou et cette paille de riz, l'armée ainsi que la Société se trouveront dispensées de se charger de matériel, tant que le service de secours aura lieu à l'intérieur du pays.

Une des occasions les plus importantes dans lesquelles la paille de riz et le bambou furent utilisés fut la construction des baraquements pour hôpitaux temporaires. Avec ces deux produits, les ouvriers japonais peuvent en une demi-heure construire des baraquements de grandes dimensions. Des bambous sont enfoncés en terre et forment les piliers; le plancher, les murs, le toit sont faits avec des pailles attachées ensemble par des cordes faites également en paille de riz et l'on peut faire autant de fenêtres qu'on le désire. C'est propre, chaud, léger et le plancher assez mou sert de lit. C'est très bon marché, car la dépense et le travail n'existent pour ainsi dire pas; en cas de changement de localités, on n'a pas besoin d'emporter ces matériaux; ils peuvent se rencon-

Hôpital temporaire construit en paille de riz et en bambou.

trer partout. Notre Société est en possession d'un hôpital mobile, de système allemand, ainsi que de la tente-hôpital, mais cette dernière n'est bonne que pour la propagande. Pour nos travaux pratiques, nous trouvons les baraquements en paille et en bambou beaucoup meilleurs.

Les bambous sont aussi employés avec grand avantage pour la fabrication des brancards; le bois qu'on pourrait également employer à cet usage nécessiterait certaines préparations ; le bambou est léger, flexible, s'emploie sans subir aucune préparation et est beaucoup moins cher que le bois au Japon.

Il est, enfin, un emploi de la paille de riz qui est déjà très connu des chirurgiens militaires du monde entier, et qui a été trouvé excellent par une autorité aussi grande que celle du Dr Pozzi, de la Faculté de médecine de Paris [1]. Il a été inventé par notre médecin-inspecteur Kikuchi, et consiste à employer du charbon obtenu en brûlant de la paille de riz comme pansement aseptique. Voici la communication qui fut faite à ce sujet, par le délégué de la Société, à la sixième Conférence internationale de la Croix-Rouge, à Vienne, en 1897 :

La matière première est la paille de riz de notre pays que l'on fait brûler dans un endroit à l'abri de tout courant d'air, de façon que le charbon obtenu ne se réduise pas en cendres. Le charbon ainsi obtenu est enfermé dans des coussinets de gaze de la dimension exigée et placé tel quel sur la plaie vive. Le charbon est très aseptique, tous les germes qui auraient pu se trouver dans la paille sont détruits par le feu, de sorte que lorsqu'on l'enferme dans une gaze sublimée ou stérilisée, on obtient un pansement absolument aseptique. Au Japon, on peut se procurer ce pansement n'importe où et le prix en est extrêmement bon marché. La haute valeur de ce pansement consiste dans son pouvoir absorbant, de sorte que toutes les secrétions des blessures sont immédiatement séchées.

Le Dr Kikuchi avait déjà fait l'expérience dès le temps de paix. L'ayant trouvée absolument pratique, il n'employait plus, ainsi que les autres chirurgiens, que ce pansement depuis plusieurs années, quand il lui vint à l'esprit qu'il pourrait être d'une utilité toute particulière en temps de guerre. Dans la guerre entre la Chine et le Japon, il y eut de nombreuses occasions d'employer ce pansement; ce qui fut fait sur une très grande échelle, aussi bien du côté du service de santé de l'armée que du côté de

[1] Procès-verbal de la sixième Conférence internationale de la Croix Rouge, à Vienne, p. 190.

la Société de la Croix-Rouge [1]. Aussi me suis-je permis moi-même de faire, au nom de la Société de la Croix-Rouge du Japon, une communication pour démontrer que le pansement de paille de riz du Dr Kikuchi est excellent en temps de paix comme en campagne et que, comme pansement aseptique, il ne peut être surpassé [2].

§ 4. — Dépôt de la Société.

Un dépôt de matériel, qui sert de dépôt des modèles pour la préparation du matériel, est établi au Siège Central. Il en existe en outre un autre plus important appartenant également au Siège Central, que l'on est en train de construire sur le terrain laissé à la disposition de la Société par la Maison impériale, près de la station de chemin de fer de Shibuya.

§ 5. — Comité de préparation de matériel.

Aussitôt après la guerre de 1894-1895, les préparatifs pour le service en temps de guerre furent décidés sur une nouvelle et plus vaste échelle ; un comité spécial, composé du médecin-inspecteur Adati comme président, de quelques médecins de l'hôpital et de quelques membres du Comité exécutif, fut formé. Beaucoup de choses que la Société peut décider sans s'en rapporter au matériel employé par l'armée furent étudiées par ce Comité ; par exemple, la question de l'uniforme du personnel, le matériel nécessaire pour les bateaux-hôpitaux, pour le service en temps de calamités publiques, etc.

[1] Pendant la guerre sino-japonaise, le Dr Kikuchi était Directeur du service de santé de la 1re division.

[2] Procès-verbal de la sixième Conférence internationale de la Croix-Rouge, Vienne, p. 198.

CHAPITRE XV.

Exercice de la Société pour le service en temps de guerre.

§ 1. — But principal de l'exercice des personnels.

Ayant traité de la propagande qui était faite pour accroitre les ressources de la Société, des préparatifs de personnel et de matériel pour le temps de guerre qui étaient faits avec ces ressources, il reste à voir maintenant comment la Société de la Croix-Rouge exerce son personnel.

En ce qui concerne l'exercice du personnel de secours en temps de guerre, la Société de la Croix-Rouge du Japon est d'accord avec l'autorité militaire, en adoptant l'idée suivante. Ce qui est le plus important dans l'exercice des personnels, ce n'est pas de les instruire dans leurs travaux respectifs, mais c'est de leur faire comprendre exactement quelle est la sphère d'action assignée au personnel de la Croix-Rouge et à chaque membre de ce personnel. C'est une idée très malheureuse de la Croix-Rouge, répandue même parmi le peuple de l'Ouest, de croire que son rôle consiste à aller en avant et à ramasser les blessés couchés sur les champs de bataille. Cette notion non seulement est fausse, mais elle est même très injurieuse pour l'œuvre de la Croix-Rouge. Dans l'état avancé de la science militaire d'aujourd'hui, cela ne peut pas avoir place. Ainsi, quand, dans une guerre actuelle, le personnel de la Société n'est pas autorisé à aller en avant, par exemple, à la zone des armées combattantes au delà de la circonscription des étapes, ces personnels comme les membres de la Société de la Croix-Rouge sont désappointés, et ce désappointement conduit à un ralentissement dans les œuvres de la Croix-Rouge. C'est pourquoi la chose qui nous paraît la plus importante dans l'exercice pour le service de secours en temps de guerre, c'est que les personnels de secours aussi bien que les membres de la Société en général doivent comprendre exactement quelle part de l'ensemble du service de santé de l'armée la Société de la Croix-Rouge est autorisée à accomplir. Ceci est l'objectif principal que nous avons en vue pendant les manœuvres et la mobilisation de nos personnels.

Quelle est la sphère d'activité assignée à la Société ? Elle est la même pour la Société japonaise que pour toutes les autres sociétés de secours militaires, soit en France, en Allemagne, en Autriche-Hongrie, en Italie. Elle peut s'exercer dans la circonscription des étapes et des divisions territoriales. C'est le principe invariable dans la réglementation du service sanitaire de l'armée en campagne qui fut dernièrement annoncé de nouveau (avril 1897) par le baron Ishiguro, Directeur du service médical de l'armée, dans son instruction aux chefs du service médical des divisions. Il y est dit :

Il est évident, sans avoir besoin de le dire, que les œuvres de la Croix-Rouge sont indispensables en temps de guerre. Mais comme elle est seulement une association privée, il est nécessaire que ceux qui sont dans la position de contrôleurs définissent clairement la limite d'action entre l'armée et la Société. Déjà, pendant la guerre de 1894-1895, il avait été établi par le grand quartier général que les services de la Société de la Croix-Rouge ne s'étendraient pas au delà de la circonscription des étapes pour les raisons suivantes. Le personnel de la Société de la Croix-Rouge, quelque sérieux qu'il fût dans son dévouement et quelque soigneux qu'il fût dans ses fonctions, cependant, une fois entré dans la zone des troupes combattantes, dépend entièrement des troupes quant à la maison qu'il habite, la nourriture qu'il mange, le matériel qu'il demande, et qu'elles ne peuvent lui procurer. Ils ne peuvent donc pas espérer suivre les troupes combattantes en avant. D'un autre côté, le personnel de la Société différant des militaires en ce que leurs familles ne sont pas récompensées par l'Etat en cas de blessure ou de mort, il n'est pas du devoir de l'Etat de laisser de telles personnes risquer leurs vies sous le feu de l'ennemi. Et ceci est encore plus vrai dans ce sens que l'Etat a, dans ce but, spécialement organisé des officiers de santé et des hommes dont le premier devoir est de donner les secours aux blessés sous le feu de l'ennemi. En outre, des ordres sévères, la discipline et le calme étant exigés pour les troupes combattant dans les lignes, la présence de personnes ne faisant pas partie de l'organisation des troupes n'est pas autorisée. D'où il s'ensuit que, lors de la dernière guerre, et malgré les services et les mérites rendus par la Société de la Croix-Rouge, aucune œuvre à l'intérieur de la zone des troupes combattantes ne fut confiée à ses soins. Tel sera le cas dans toutes les circonstances critiques.

Dans les moments d'excitation et de patriotisme exalté, il est très naturel que l'œuvre paisible et sédentaire, bien que très importante en elle-même, ne soit pas suffisante pour satisfaire ceux qui se sont engagés pour prêter leurs services. Le personnel de la Croix-Rouge serait, en vertu de cette raison, toujours mécontent du service qu'il exerce dans la circonscription des étapes et désirerait toujours qu'on l'expédiât dans la zone des troupes combattantes. De semblables sentiments existent encore maintenant et ne conduisent qu'à confondre la démarcation importante qui existe entre le service de santé de l'armée et le service de la Société.

C'est pourquoi, en manœuvres, rien ne doit être permis qui puisse faire croire au peuple que la Société de la Croix-Rouge peut intervenir dans les services des lignes combattantes. Chaque fois qu'une autorisation sera demandée pour entreprendre de pareils exercices en manœuvres, elle devra être strictement refusée en appelant l'attention de la Société sur le précédent de la guerre de 1894-1895.

Que je sois très dévoué, depuis vingt ans, à la cause de la Société de la Croix-Rouge, vous, chefs des services médicaux de la division, vous le savez tous. Mais comme je désire sincèrement que la Société fasse des progrès, je désire par là même que ses œuvres ne soient point seulement apparentes, mais soient productives d'un bien-être réel. Je désire que les chefs du service médical fassent leur possible pour encourager les travaux de la Société et prennent soin en même temps de ne pas l'induire en erreur sur sa prope sphère d'action.

Ceci est clair et juste. La Société de la Croix-Rouge du Japon est en parfait accord avec le Directeur expérimenté du service de santé de l'armée. Tel est l'idéal vers lequel les exercices des personnels en temps de guerre sont conduits.

§ 2. — Manœuvres de l'armée de terre et exercices de notre personnel.

Il est un fait pour lequel la Société de la Croix-Rouge du Japon est très reconnaissante envers les généraux de division commandants et envers les chefs du service médical des divisions, c'est que, chaque fois qu'il y a une manœuvre, ils donnent à la Société l'autorisation d'y participer et lui confient l'établissement de l'hôpital d'étapes ou le secours d'évacuation. Aussi la Société est-elle heureuse de pouvoir prodiguer ses soins à des cas réels de blessés ou à des cas de maladies survenues pendant les manœuvres. Les membres de la Société sont toujours admis à suivre ces manœuvres, afin que le plus grand nombre possible puissent voir de près les œuvres de la Société. Quand les manœuvres sont terminées, des critiques sont faites sur les œuvres accomplies par la Société. De tels exemples ne peuvent manquer de conduire le personnel et les membres dans une bonne direction pour les œuvres qui sont de leur domaine. Les occasions dans lesquelles la Société prit une part active aux manœuvres de l'armée sont les suivantes :

1° A l'occasion des grandes manœuvres de la garde impériale et des 1re et 2e divisions, sous le haut commandement de Sa Majesté l'Empereur, à Utsunomiya, les 23-25 octobre 1892, la Société de la Croix-Rouge fut chargée d'établir un hôpital temporaire à la gare pour les blessés et les malades, et de les faire évacuer sur Tokio par un train-hôpital. Au cours de ces manœuvres, Sa Majesté l'Empereur envoya une mission spéciale pour inspecter notre hôpital temporaire qui fut également visité par S. A. I. le prince Komatsu, président d'honneur, commandant de la garde impériale. Tous les membres de la Société furent admis sur le terrain de manœuvre. Après la fin des manœuvres, le personnel de la Société, y compris le Président, chef de la section locale, et d'autres engagés pour les manœuvres, furent invités à une grande soirée donnée par Sa Majesté l'Empereur. Un aussi grand honneur accordé à la Société ne peut que faire tressaillir le cœur de chaque Japonais et l'engager à faire tout ce qu'il peut pour se rendre utile à la Société. Aucun encouragement ne peut être plus efficace que celui-là ;

2° A l'occasion de la manœuvre du corps de santé de la garde impériale, en juin 1894, la Société obtint la permission d'exercer son personnel du Siège Central. Tous les préparatifs étaient faits quand survint la complication des affaires de Corée avec la Chine, auxquelles nous fûmes bientôt mêlés, de sorte que nos préparatifs servirent directement pour notre service de secours pendant la guerre ;

3° Après la guerre, à l'occasion des manœuvres de la 5e division, en octobre 1896, la section locale de Ehimé fut autorisée à y assister. Le service assigné à notre personnel était celui de l'hôpital d'étape, mais la division n'ayant pas établi son hôpital de campagne, les œuvres de ce dernier furent confiées à notre hôpital qui, dès lors, dut suivre la division à travers tous ses changements de position et à s'établir lui-même en quatre endroits différents pendant six jours de manœuvres. Ainsi 92 malades et blessés réels furent soignés, dont 15 furent des cas sérieux.

La région étant montagneuse, un transport rapide d'hommes et de matériel ne fut pas chose facile et la dysenterie fit son apparition. Ce fut une très grande leçon pour notre personnel, mais comme la plupart d'entre eux avaient déjà fait leurs preuves pendant la guerre et avaient été sujets à des difficultés beaucoup plus sérieuses, il en résulta que l'œuvre accomplie par notre Société fut admirable.

Après les manœuvres, la critique suivante fut prononcée par le médecin-principal de service :

a) Le traitement médical des malades et blessés fut parfait;

b) Le fonctionnement du personnel administratif fut admirable ;

c) L'endurance des difficultés, la rapidité du mouvement suivant l'ordre d'une place à un autre méritent d'être louées ;

d) Il faut appeler l'attention sur les équipes de personnels, afin de les rendre, dans l'avenir, aussi réduits que possible pour économiser le matériel et le personnel de transport;

4° La section locale de Fukuoka fut autorisée à assister aux grandes manœuvres spéciales qui eurent lieu dans le département entre les 3e et 6e divisions, en octobre 1897. Le détachement envoyé par la section locale fut attaché au service médical de la 6e division, avec mission d'établir l'hôpital d'étape et de s'occuper de l'évacuation des malades. A cette occasion, l'essai de promptitude et d'efficacité de nos personnels fut conduit d'une façon très rigide de la part de l'autorité militaire. Aucun avis n'avait été donné auparavant, personne ne savait ce qu'il serait appelé à faire quand l'ordre fut donné ; ils devaient accomplir ponctuellement ce qu'il fallait et dans le temps exigé. Chaque chose se passa exactement comme en temps de guerre. Les blessés et malades véritables atteignirent le nombre de 72, dont 11 atteints de maladie contagieuse (rougeole).

L'hôpital fut visité par S. A. I. le prince Komatsu, en qualité de chef du grand état-major et par le maréchal de l'Empire, le marquis Yamagata, inspecteur général de ces grandes manœuvres qui, tous deux, prononcèrent des paroles de bienveillance et d'encouragement. La critique faite par le Directeur du service médical de la division Kikuchi, à l'issue des manœuvres, est digne d'être rapportée. Il dit :

« L'exercice de la section locale de Fukuoka vient de se terminer. Cette section est digne de montrer exactement le genre de services que peut rendre la Société de la Croix-Rouge. L'histoire des secours volontaires aux soldats blessés et malades s'est ouverte avec la fête héroïque de Miss Florence Nightingale, pendant la guerre de Crimée ; on est porté à croire encore aujourd'hui que l'œuvre de la Société de la Croix-Rouge est d'aller en avant sur les champs de bataille et de ramasser les malades et les blessée. Mais, Messieurs, les jours de Miss Florence Nightingale sont passés. Aujourd'hui un corps sanitaire est formé dans les armées de tous les pays, il a pour fonction spéciale d'aller sous le feu de l'ennemi donner les premiers soins aux soldats blessés. Tant que le personnel du service de santé de l'armée n'est pas entièrement tué ou blessé, le service de secours dans la zone des troupes combattantes n'incombe jamais au personnel de secours volontaire. Mais pour ce qui est du service de l'arrière, le cas est tout différent. En temps de guerre, tout le personnel du service de santé de l'armée étant envoyé en avant, il peut quelquefois arriver que, dans une circonscription d'étapes ou de la division territoriale, le personnel exigé et nécessaire vienne à manquer. C'est alors là que se manifeste la propre sphère d'action de la Société de la Croix-Rouge. Et c'est justement dans cette sphère d'action que la section locale de Fukuoka s'est admirablement acquittée de sa tâche, à ce point même qu'elle peut servir de modèle aux autres sections dans l'avenir. Messieurs, c'est notre plus grande espérance que le personnel et les membres de la Société n'oublient pas, dans un moment de patriotisme exalté, quelle est l'importance de l'œuvre qui leur est assignée ! »

§ 3. — Petites manœuvres faites spécialement en vue des assemblées générales.

La Société de la Croix-Rouge est tout particulièrement reconnaissante à l'armée de vouloir bien venir exécuter des petites manœuvres, à l'occasion des assemblées générales de la Société, soit au Siège Central, à Tokio, soit dans les sections locales, toujours avec le même but.

En mai 1892, à l'occasion de la sixième assemblée générale du Siège Central, pour aider l'exercice de la Société dans son service d'hôpital d'étape, la manœuvre du corps de santé de la garde impériale fut faite à Aoyama, en présence des membres de la Société assemblés, auxquels on expliqua l'organisation du service de santé de l'armée et la part jouée par la Société de la Croix-Rouge. Les canons tonnèrent, les officiers firent la charge, il y eut des assauts. Les blessés furent recueillis, et la scène eut un grand aspect de réalité.

En octobre 1898, à l'occasion de la neuvième assemblée générale de la Société, une manœuvre partielle de la garde impériale fut pratiquée spécialement pour assister l'exercice dans le service des hôpitaux d'étape et celui d'évacuation. Sa Majesté l'Impératrice, après avoir pris la parole devant l'assemblée, dans le parc d'Uyena, alla sur le terrain des manœuvres à Oji et inspecta l'hôpital au milieu du bruit des canons et des cris des soldats.

CHAPITRE XVI.

Secours donnés par la Société en cas de calamités publiques.

§ 1. — Objet et principe de ce service de secours.

Si l'humanité pure et simple avait été le but principal de notre Société, nous aurions placé le service de secours en cas de calamités publiques parmi les œuvres principales de la Société. Mais comme nous avons fait de la « dette à la patrie et du secours aux soldats » notre seul but, il nous faut, pour atteindre ce but, épargner les ressources de la Société autant que possible. Nous avons donc fait des secours en cas de calamités publiques seulement une question secondaire et nous pratiquons ces secours pour les seules raisons qui suivent :

1° Pour répondre aux désirs humains de Sa Majesté l'Impératrice, profondément affligée toutes les fois qu'une calamité naturelle survient sur la tête de ses sujets bien-aimés;

2° Pour exercer le personnel de la Société au service de secours dans des circonstances difficiles;

3° Pour servir, dans une certaine mesure, de moyen de propagande, en encourageant les habitants des départements à prendre intérêt aux œuvres de la Croix-Rouge.

Afin d'économiser les ressources de la Société qui sont si utiles en temps de guerre, par décision de l'assemblée générale de 1893, il a été établi que les dépenses exigées pour le service de secours en cas de calamités publiques seraient prises autant que possible sur les dons spécialement affectés à cet objet. Nous estimons que le principe est très important en même temps que très raisonnable.

§ 2. — Règlement pour le service en cas de calamités publiques.

Les dispositions établies pour le secours en cas de calamités publiques sont les suivantes :

1° Quand une calamité publique arrive et qu'un secours est jugé nécessaire, le Président convoque l'assemblée permanente à une réunion extraordinaire qui a le pouvoir de rendre sa délibération valable, même si le nombre de membres exigé n'est pas atteint. En cas d'urgence, le Président agit de lui-même et fait approuver ultérieurement la décision qu'il a prise par le Conseil permanent.

2° Les secours de la Société sont donnés seulement si les ressources dont dispose l'autorité locale ne sont pas suffisantes. En conséquence, ce service ne commence que lorsque l'autorité locale en a fait la demande, ou lorsqu'une réponse favorable est faite par l'autorité locale à la demande de la Société.

3° A Tokio, le service de secours est fait par le Siège Central ; dans les départements, il est confié aux soins des gouverneurs ou des chefs des sections locales. Quand la calamité s'étend à plus d'un département, le service de secours est confié aux chefs des sections respectives. Dans les cas plus importants, un détachement spécial est envoyé du Siège Central.

4° L'autorité locale doit payer pour la nourriture des malades, pourvoir au logement de l'hôpital temporaire, et fournir des coolies pour le transport.

§ 3. — Calamités dans lesquelles la Société exerça un service de secours.

I.

Secours aux victimes des éruptions volcaniques.

A l'occasion de la terrible éruption de la montagne Bandaï, le 15 juillet 1888, il n'y avait pas encore de statuts à la Société relatifs aux secours à donner en temps de calamité publique. Le Conseil permanent discutait si oui ou non un détachement serait envoyé, quand le vice-ministre de la Maison impériale communiqua au Président l'ordre de Sa Majesté l'Impératrice de porter secours sans aucun délai. Le cœur de chacun fut touché. On ne s'occupa plus de la question des statuts. Le travail fut immédiatement commencé et mené avec de bons résultats, comme il a été rapporté déjà dans l'exposé de la Société à l'Exposition Internationale de Chicago en 1893. Sa Majesté l'Impératrice contribua pour 200 *yen* à la dépense nécessitée pour ce secours.

II.

Secours aux naufragés.

Le 16 septembre 1890, le navire de guerre turc, ayant à son bord l'ambassadeur du Sultan envoyé auprès de notre Auguste Souverain, échoua loin de la côte de Kiushiu. L'ambassadeur

Osman Pacha lui-même et 586 autres membres de la mission furent noyés ; 69 seulement furent sauvés par les habitants de l'île d'Oshima. Quand le télégramme de ce désastre arriva à Tokio, des ordres furent aussitôt donnés par le Ministre de la Maison impériale pour envoyer le personnel de notre Société. Sans aucun délai, des médecins et des infirmières furent envoyés à Kobé, où les naufragées avaient été portés par un navire de guerre allemand. Tous, sauf 2, étaient plus ou moins blessés. Après leur avoir prodigué des soins pendant dix jours, les malades purent être dirigés sans danger vers leur pays par les bâtiments de guerre japonais Kongo et Higé. La dépense de secours fut payée par le Ministre de la Maison impériale.

Le 30 novembre 1892, le chasse-torpilleur Chishima, de la marine impériale, fit naufrage après une collision avec le navire marchand Ravenna, de la compagnie P. O. Sur 90 hommes à bord, 16 furent sauvés. Tous étaient plus ou moins blessés. Ils furent soignés par le personnel de notre Société et dirigés sur l'hôpital militaire de Ehimé.

III.

Secours aux victimes des tremblements de terre.

Dans la matinée du 28 octobre 1891, un tremblement de terre d'une violence absolument extraordinaire se fit sentir et s'étendit sur une très vaste étendue des départements d'Owari et de Mino, tout en blessant des milliers et des milliers d'habitants. Le lendemain, le gouverneur de Mino télégraphia à la Société d'envoyer du secours. Sa Majesté l'Impératrice avait hâte de voir les détachements partir immédiatement. Le premier détachement quitta Tokio dans la nuit du 29.

Le gouverneur d'Owari télégraphia aussi pour avoir du secours et un second détachement partit dans la soirée du 30. Les blessés étaient si nombreux qu'ils ne purent pas être secourus par les détachements qui travaillaient conjointement avec les personnels de secours des sections locales. Aussi deux nouveaux détachements plus importants furent-ils envoyés du Siège Central, à la date du 3 novembre. La section locale de Kioto envoya également son personnel. Le Président, accompagné des membres du Comité exécutif, visita les lieux de la calamité, et inspecta les travaux de secours. Les deux détachements envoyés à Owari établirent des hôpitaux en six endroits différents et travaillèrent 27 jours; ceux envoyés à Mino en établirent autant et travaillèrent 51 jours. Le nombre total des blessés et des malades soignés par ces quatre détachements monta au chiffre de 10.194 personnes.

Quand l'œuvre fut terminée, Sa Majesté l'Impératrice ordonna au personnel de secours du Siège Central de venir à sa cour, où elle leur fit des cadeaux et leur adressa des paroles de félicitations et d'encouragement. Elle contribua pour 500 *yen*, et Sa Majesté l'Impératrice mère pour 100 *yen*, aux dépenses occasionnées par ce désastre. C'est à cette occasion que l'un des fondateurs de notre Société, le baron de Sieboldt, nous adressa d'Allemagne 6.900 marks pour être distribués aux habitants éprouvés de ces deux départements.

L'après-midi du 31 août 1896, le département de Akita fut ravagé par un terrible tremblement de terre qui détruisit 3.400 maisons, tua 160 personnes et en blessa 480, dont 455 furent secourues par le personnel envoyé du Siège Central, de concert avec le personnel de la section locale de Akita.

IV.

Secours aux blessés de l'incendie.

Le 22 avril 1897, la ville de Hachioji, dans le département de Tokio, fut presque entièrement brûlée. Le feu s'étendit avec une grande rapidité; plusieurs personnes furent blessées, et comme les maisons et les pharmacies étaient également la proie des flammes, il n'y avait aucun moyen de prodiguer du secours. Sur l'appel du gouverneur, un détachement fut aussitôt envoyé du Siège Central, et, dans l'espace de quatorze jours, 223 personnes reçurent des soins.

V.

Secours aux victimes des débordements de la mer.

Dans la matinée du 15 juin 1896, les côtes des districts de Miyagi, Iwate et Aomori furent tout à coup envahies par un terrible débordement de la mer causé par des tremblements de terre sous-marins. Le dommage causé fut immense pour la vie des hommes et la propriété. Les sections locales des départements se mirent immédiatement à l'œuvre et des détachements de personnel et de matériel du Siège Central furent envoyés pour leur venir en aide. Ce fut la plus grande affaire de la Société de la Croix-Rouge, après celle de la guerre de Chine.

Dans le département de Miyagi, le nombre des personnes envoyées par le Siège Central fut de 23 médecins, 3 pharmaciens, 12 infirmiers, 18 infirmières et 11 administrateurs. Pendant quarante-six jours, en trois hôpitaux différents, des secours furent donnés à 1.329 blessés ou malades.

C'est dans le département de Iwate que le désastre fut le plus étendu ; le personnel envoyé du Siège Central fut de 36 médecins, 2 pharmaciens, 31 infirmiers, 32 infirmières et 3 administrateurs. Des soins furent donnés, pendant quarante-quatre jours, dans vingt-cinq hôpitaux temporaires et lieux de secours, à 3.232 malades ou blessés.

Dans le département de Aomori, il fut envoyé du Siège Central 6 médecins, 7 infirmiers, et 2 administrateurs. En vingt-deux jours, 397 malades et blessés furent soignés.

Selon la statistique officielle, le nombre total des maisons détruites dans ces trois départements fut de 19.098; le nombre des morts, de 21.504; des blessés, de 4.113. De ce dernier nombre, la Société de la Croix-Rouge en soigna 2.351, sans compter un grand nombre de personnes malades par suite de l'eau devenue mauvaise et malsaine à la suite de ce débordement.

Ce service coûta 25.342 *yen*, dont 22.960 furent pris sur la caisse du Siège Central de la Société et le reste payé par des dons.

VI.

Secours dans les cas d'inondations de fleuves.

Par suite de la situation géographique et météorologique de notre pays, des inondations de rivières sont très fréquentes dans nos départements à la saison des pluies. Quelquefois elles surviennent à l'improviste et causent un grand préjudice à la vie de la population et à la propriété. Innombrables sont les cas dans lesquels les sections locales eurent à agir ainsi :

En juillet 1895, à l'occasion de l'inondation dans le département de Fukin, des secours furent donnés à 152 personnes par la section locale de ce département.

En juillet-août 1896, à l'occasion des inondations de rivières, 79 personnes furent soignées par la section locale de Niigata, 177 personnes par la section locale de Ishikawa, 384 par celle de Kioto, 127 par celle de Hiogo, 210 par celle d'Osaka et 2.849 par celle de Gifu.

VII.

Secours aux victimes d'accidents de chemin de fer.

A l'occasion de l'accident du chemin de fer de la Nippon Tatsudo line, le 11 juillet 1897, des secours furent donnés à 12 blessés par la section locale de Matsuyama. Il est à craindre que l'augmentation considérable des lignes de chemins de fer au Japon ne rende encore ces accidents beaucoup plus fréquents.

VIII.

Assistance aux autorités locales dans les cas d'épidémies.

Aux mois d'août et de septembre 1898, des cas de dysenterie furent constatés dans certains districts des départements de Tokio et de Yamanashi. Le Siège Central envoya 5 infirmières de réserve à la demande du gouverneur pour assister le service sanitaire de l'endroit.

IX.

Secours en cas d'accidents dans les grandes villes.

Le premier secours donné par la Société de la Croix-Rouge, dans les grandes villes, à l'occasion des grandes réunions, eut lieu dans la fête militaire en l'honneur des officiers et des soldats morts dans la guerre avec la Chine. La fête dura pendant quatre jours à partir du 16 décembre 1895 et se célébra au temple Yasukuni. De concert avec l'autorité de la police de la ville, la Société établit en trois endroits différents des tentes pour secours. Elle n'eut à soigner qu'un blessé et trois malades.

A l'occasion de la fête communale en l'honneur des soldats tombés dans les champs de Urawa, le 20 novembre 1897, la section locale de Saïtama organisa un service de secours en cas d'accident, avec 6 médecins, 5 infirmières et le matériel de santé envoyé du Siège Central.

A l'occasion des funérailles de Sa Majesté l'Impératrice mère, les rues de Tokio et de Kioto à travers lesquelles elles devaient passer étant bondées de monde, le Siège Central et la section locale de Kioto établirent un service de secours en prévision d'accidents qui, heureusement, n'arrivèrent pas. La Société reçut les remerciements de S. A. I. le prince Arisugawa qui conduisait des funérailles impériales.

Disons, en terminant, que les autres occasions furent très fréquentes, dans les cas de grandes assemblées, où le service de secours fut assuré par le Siège Central de la Société ou par les sections locales. On peut citer, comme exemples,

les assemblées générales de la Société elles-mêmes, les expositions nationales ou départementales, les manœuvres, etc. Il est à remarquer que, dans toutes ces occasions, les grandes assemblées favorisent toujours la propagande et la vulgarisation de la Société, en même temps qu'elles fournissent l'occasion de faire son devoir en prodiguant des secours.

TABLE DES MATIÈRES

ALENÇON. — IMP. VEUVE FÉLIX GUY ET Cie

Plan du « HAKUAÏ-MARU » et du « KOSAÏ-MARU »

Bateaux-hôpitaux d'évacuation pour malades et blessés de la Société de la Croix-Rouge du Japon.

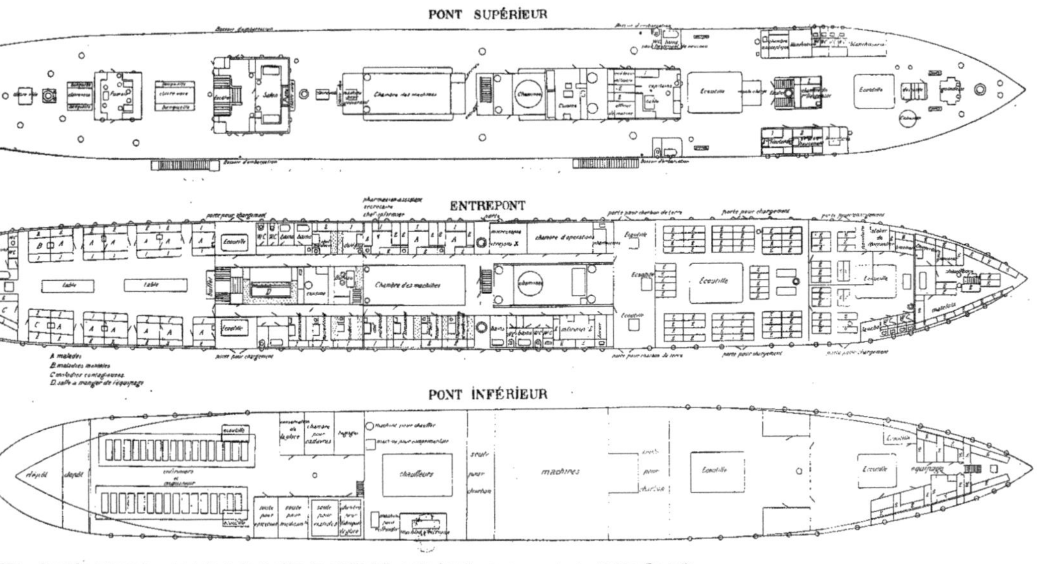

NOTA. — Les chiffres indiquent le nombre de lits de chaque cabine ; les pointillés indiquent des fauteuils pouvant, en cas de nécessité, faire office de lits.

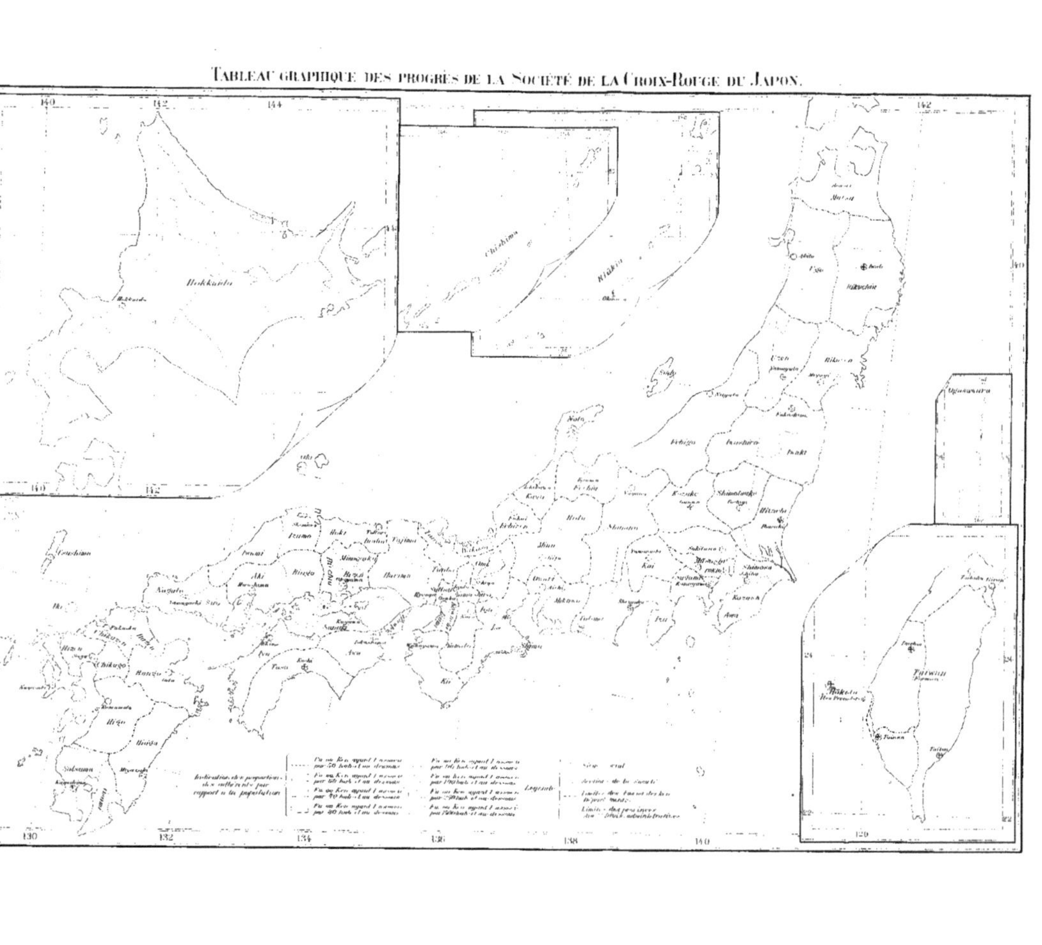
Tableau graphique des progrès de la Société de la Croix-Rouge du Japon.
Hokkaido
Chishima
Riukiu
Ogasawara
Taiwan
Légende